U0504233

编　委　会

主　编　余剑锋

副主编　顾　军　王杰之

编　委　潘建明　杨朝东　李光亚　李雄飞　吴　微　赖江南　孙敏莉

编写组　王　豪　王奇志　庄昌银　杨金凤　陈　运　余诗君　郑　可

　　　　胡春玫　申文聪　邢泓琳　沈然获　李春平　蔡晶磊　林丽圆

青春无悔 生命无怨

中国核工业功勋人物的故事

中国核工业集团有限公司◎编

人民出版社

序　言

2015 年 1 月，在我国核工业创建 60 周年之际，习近平总书记作出重要批示指出："60 年来，几代核工业人艰苦创业、开拓创新，推动我国核工业从无到有、从小到大，取得了世人瞩目的成就，为国家安全和经济建设作出了突出贡献。核工业是高科技战略产业，是国家安全重要基石。要坚持安全发展、创新发展，坚持和平利用核能，全面提升核工业的核心竞争力，续写我国核工业新的辉煌篇章。"习近平总书记的重要批示，充分肯定了核工业的历史贡献，为新时代核工业加快发展提供了根本遵循。

在党中央坚强领导下，老一辈核工业人以"干惊天动地事、做隐姓埋名人"的家国情怀，筚路蓝缕、艰苦奋斗，建成了世界上只有极少数国家才拥有的完整核科技工业体系，创造了以"两弹一艇"为标志的历史性成就，推动和平利用核能实现了重大突破，为支撑国防军队建设和服务经济社会发展做出了历史性贡献。党的十八大以来，在习近平总书记重要指示批示精神的指引下，新时代核工业人牢记强核强国历史使命，坚持安全发展、创新发展，取得了以自主三代核电"华龙一号"为标志的一批重大成果，核工业取得历史性成就、发生历史性变革，在建设核工业强国的征程上迈出了新的步伐。

在我国核工业创建 65 周年时，中核集团隆重推出"核工业功勋榜"，评选出了一批做出过重大历史贡献的核工业功勋人物，他们在不同领域为祖国的核事业艰苦奋斗、忘我工作、无私奉献，取得了非凡成就，建立了卓越功勋，是核工业发展历史进程的亲历者、见证者和引领者。为进一步推动党史学习教育常态化长效化，中核集团选取了"两弹元勋"钱三强、邓稼先、"时代楷模"彭士禄等 20 位核工业功勋人物的感人事迹，汇编出版了《中国核工业功勋人物的故事》，生动详实地反映了核工业功勋人物矢志不渝坚守信念、无惧挑战勇担重任、刻苦钻研勇于登攀、为国奉献无怨无悔的功勋业绩和伟大精神。

伟大的时代铸就伟大的精神，伟大的精神引领伟大的事业。奋进新征程、建功新时代，中核集团将深入学习贯彻习近平总书记重要指示批示精神和党中央决策部署，以筑牢中华民族伟大复兴安全基石为己任，大力弘扬"两弹一星"精神，传承"四个一切"核工业精神，践行"强核报国、创新奉献"新时代核工业精神，踔厉奋发、笃行不息，拼搏奋斗、攻坚克难，创造新时代核工业发展的新辉煌，加快建设核工业强国，以实际行动和新的业绩喜迎党的二十大胜利召开，为全面建设社会主义现代化国家、实现中华民族伟大复兴的中国梦再立新功。

中国核工业集团有限公司

党组书记、董事长　

2022 年 6 月

目 录

1

（本书人物按出生年月排序）

郭永怀

我们出国就是为了回国

郭永怀

（1909 年 4 月—1968 年 12 月）

我国研制"两弹一星"科学家群体中唯一获得"烈士"称号的科学家。

男，山东荣成人，力学家、应用数学家、空气动力学家，1945 年毕业于美国加州理工学院，1957 年当选为中国科学院学部委员。曾任中国科学院力学研究所副所长，中国科学技术大学化学物理系主任，兼任二机部北京核武器研究所副所长等职。1968 年被国家内务部追认为革命烈士，1985 年获国家科技进步奖特等奖（追授），1999 年获"两弹一星"功勋奖章（追授）。

他在研制第一颗原子弹中，主管力学部分，并负责武器化的设计指导。他参与了氢弹研制，同时又参加了人造卫星设计。从原子弹到氢弹装置，再到核航弹、导弹核武器的理论和实践，他呕心沥血，作出了重要贡献，是我国研制"两弹一星"科学家群体中唯一获得"烈士"称号的科学家。

　　60 多岁的郭涛是我国通讯领域的一名科研人员，曾参与研制了一部国内首创性的技术设备，其中部分单元设计思想被设备的生产承接单位应用到了许多项目中。几十年的职业生涯中，他是一个低调的人，但退休后他却活跃起来，经常四处"抛头露面"，甚至参加过新中国成立 70 周年阅兵仪式。这一切，都是为着他的叔爷爷——我国"两弹一星"元勋、核工业功勋特别上榜人物、空气动力学家郭永怀。

你爷爷最恨偷奸耍滑的人

　　郭涛并没有见过郭永怀，但他与郭永怀的妻子李佩、女儿郭芹长期相处过，他的父亲郭辉远与郭永怀也多有书信往来并见过几面。从间接感受和亲属们的话语中，郭涛拼凑出对郭永怀的主要印象——外

新中国成立 70 周年阅兵仪式上郭涛（右一）手举郭永怀头像

表儒雅和蔼，内在性情刚烈、疾恶如仇、做事严谨、原则性强。

1985年，郭涛大学毕业到北京工作，周末常去看望李佩和郭芹。父亲不在了，郭芹对这个大学毕业的侄子寄予厚望，希望他能继承郭永怀的遗志，成为郭家另一个对国家有用的人，因而一见面就给他立了几条规矩：干活不许偷奸耍滑，工作不要讲条件，最好到基层锻炼一下。

"你爷爷最恨偷奸耍滑的人"，郭涛至今还清晰地记得郭芹如何严厉地说出那个"恨"字。前两条都没问题。第三条，郭涛想了一圈，有点为难，"当时的工作单位实在没有什么基层可以去的"。

我们出国就是为了回国

郭涛的父亲郭辉远高中没毕业就参军了，后来他成了空军的一名机械师，技术水平在单位首屈一指，经常给郭永怀写信请教空气动力

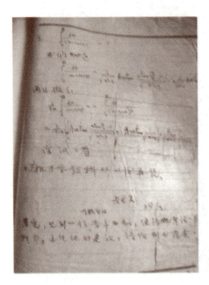

学方面的知识，这对相差26岁的叔侄间的往来书信上，几乎每篇都有数学公式。郭辉远出差路过北京时都要去郭永怀家中住几天，郭永怀甚至亲自给他补习数学课。

在郭永怀刚从美国回国时，叔侄俩第一次见面，20来岁的青年军官郭辉远对这个从"敌国"（当时中美关系紧张）回来的叔叔充满警惕，用审查式的口吻问对方："你为什么要回国？"

郭永怀与郭辉远叔侄之间往来的书信

关于这个问题，郭永怀的回答

20 世纪 40 年代郭永怀一家在美国

是：1949 年，解放军渡江前夕，炮轰了英舰"紫石英"号，他们夫妇听到这个消息，感觉中国共产党真有骨气，国家由这个党来领导，一定有希望，遂决定立即回国。

"社会上流传是有人给郭永怀写了信他们才回国的，奶奶对这个说法颇有意见，她说'那时候我们出国就是为了回国'。郭芹姑姑活着的时候，曾经问过自己的母亲'有没有后悔过回来？'当时我就在场，只听奶奶立刻回答：'怎么会呢！'他们热爱这个国家，因为他们心里装着民族耻辱、上一辈的国恨家仇。"郭涛说。

20 世纪 90 年代的一个国庆节，郭涛和李佩一起吃饭，李佩举起酒杯

50 年代的郭永怀

说："为我们的国家干杯！"而那时她已经是一位经历了丧夫丧女之痛和"文革"那样非常遭遇的孤寡老人。

李佩还跟郭涛提起过一件事，在美国时，郭永怀曾被人询问过是否愿意加入美国国籍，他的回答是不愿意。"奶奶说自那以后就感觉他们家周围总有些奇怪的人，好像在监视他们。"

由于担心美国盘查很严，郭永怀回国前不得不烧掉了许多未发表的科研手稿。

郭家满门革命烈士，他是第 14 个

郭永怀出生时，郭家大概有四十多口人，有一些田地、一个酿酒的小作坊。他很小的时候，被海匪绑架在海上漂泊了两个月，小小年纪就受到生命威胁。后来，郭家用银子把他赎了回来，因此，家里的经济条件也一落千丈。

郭家还有一个私塾，教书先生就是郭永怀的三叔，郭家的孩子都是被这位启蒙老师教导出来的。

"我爷爷郭永岱，闯关东回来以后，先是因带头抗粮被日军抓去，后因能讲几句日本话在日军据点当了会计，悄悄给共产党搞情报；爷爷的二弟郭永序是村里第一个共产党员，第一个党支部的发起人之一。他俩和郭永怀三个人从小关系就很密切。这个家族奉行'忠孝两全'，除了小儿子为着尽孝照顾老人不许出去，其他人全都提着脑袋去干革命了。我奶奶的三个弟弟干革命，两个战死；我爷爷的大姐当时是八路军的一个卫生员，她的第一任丈夫是跟日军拼刺刀战死的；我爷爷后来在 43 岁时参加了二十七军，打遍了二十七军参与的所有恶仗，从朝鲜回国后转业。我父亲也参加过抗美援朝……跟郭永怀最亲密的人都是这样的，这样一个家族、这么一个老师教出来的孩子，

你说他会是什么样的人？"郭涛有点激动地说。

郭永怀的老家荣城，距离甲午海战北洋水师总部刘公岛大概有70公里，日本陆军就是从那里登陆的。北洋水师全军覆没15年以后，郭永怀出生，他的父辈经历了那些国家战败的耻辱。"民族仇恨是从上一辈就开始积累下来了。郭永怀离开荣城去昆明，也是因为抗日战争爆发，日军占领了他的家乡。这些事情对他的影响是根深蒂固的。"郭涛说。

从抗日战争、解放战争到抗美援朝，不包括外姓的亲属，郭家出了14个烈士，郭永怀是第14个。

两个理工男之间的细腻

在纪录片《永远的怀念》中，晚年的李佩回忆起当年回国的情景时说："从九龙去罗湖关，我们先看见五星红旗。当时大家都非常兴奋。"

郭永怀一家刚刚踏上国土，奉命前去深圳罗湖桥迎接的人就送来钱学森的一封信："我们已经为你在所里准备好了办公室，是一间朝南的在二层的房间，淡绿色的窗帘，望出去是一排松树，希望你能满意。你的住房也已经准备好了，离办公室只五分钟的步行，离我们也很近，算是近邻……"

两个理工男之间的信，竟聊得如此细腻！

作为同在国外生活过的人，钱学森先回国，他对国内外物质生活条件上的巨大差距深有体会，生怕这位学弟刚回国不适应，尽量描绘出回国生活中难得的美好之处，安抚一下这位游子的心。

这并非钱学森一个人的多虑，周总理也很清楚当时国内外生活条件相去甚远，在接见郭永怀时，特意体贴地请他多提些要求。

2000 元能买下一座四合院的年月，
郭永怀给国家捐了近 5 万元

"您不但没向组织提任何要求，还把回国前变卖全部家当的 48460 元人民币全部捐给了国家，那时一个工人的工资也就二三十元，两千元就能在北京买下一座四合院。"在荣成市为纪念国家表彰"两弹一星"元勋 20 周年、郭永怀诞辰 110 周年而制作的电视散文《我的叔叔郭永怀》中，朗诵者以其侄女郭淑娥的口吻动情地说。

实际上，郭永怀一家对物质上的东西都看得很淡。

"奶奶不存东西！"郭涛说。郭永怀去世以后，李佩把郭永怀在国外买的皮鞋、衣服、手表等，送给了侄子郭辉远留做纪念，郭永怀的邮册也被送给了朋友。

"科学没有左右，只有对错"

郭永怀还默默做了一些事，显示出其知识分子的刚正一面。

1957 年钱伟长院士被划为右派，郭永怀仍委托他做不记名的《力学学报》审稿工作。他看到有个教授写的论文有几十条基本错误，就给出不宜发表的建议。那位教授向编委会提出了"左派教授的文章不许让右派教授审查"的非议。郭永怀说："我们相信钱伟长的意见是正确的，这和左、右无关。"最终公正地解决了这一无理的纷争。

"我父亲第二次到北京的时候，'文革'已经开始了，他看了墙上贴的大字报，没有一张是针对郭永怀的。"郭涛认为这得益于郭永怀的低调，"毛主席接见他们的时候，别人都争先恐后地去和毛主席握手，他就等到最后"。

几个不够，必须成千上万的科学家才行

动乱年月，郭永怀还凭微薄之力保护着一些知识分子及其后代。当时，造反派想把力学所的一个人开除党籍，其他十几个人都表态同意了，轮到郭永怀的时候，他说："按照党章规定，要开除党员党籍需要支部全体成员讨论通过，群众没有讨论怎么能开除呢？"就这样把那个人保下来了。

中国当代经济学家顾准（吴敬琏的老师）被打成右派后，他的女儿顾淑林一直得到郭永怀的保护。在力学所，她名义上是郭永怀的秘书，实际上他们只见过两次面，郭永怀只是让她好好学习。郭永怀当时跟人说："这个人，不许动，我有用。"

但后来郭永怀去世以后，顾淑林也很快被扫地出门了。

郭辉远曾问郭永怀，需要几个科学家才能把国家发展起来，他回答说："几个不够，必须成千上万的科学家才行。"

后来，郭永怀与钱学森等人联名提议国家创办一所大学，就是后来的中国科学技术大学。

"洋气海归"一支钢笔用了几十年

郭淑娥从记事起就听父亲说，叔叔郭永怀天资聪慧，一直在外求学，读书读到了国外。希望她以叔叔为榜样，好好念书。

每每辗转数月从国外寄回的家书里，郭永怀总是告诉家人："学成后是一定要回来报效祖国的。"

一别18载，回国后的郭永怀在北京刚刚安顿好，就一个人急匆

匆赶回老家。那年郭淑娥 20 岁，是一名农村小学的教师，她眼中当时的郭永怀"挺高的个子，花白的头发，戴着一顶鸭舌帽，高高的鼻梁上架着一副眼镜，穿的是至今保存在郭永怀办公室里的那件大衣，显得很洋气"。

郭永怀得知郭淑娥对当老师有畏难情绪时，拍了拍侄女的肩膀，送给她一支国外带回的钢笔，鼓励她说："教师是个光荣的职业，这一点咱俩是相同的，好好干，为国家多培养人才。"后来郭淑娥才知道，节俭的郭永怀一支钢笔用了几十年。

1968 年 10 月，郭永怀出差到青海前给郭淑娥写了一封信：听说你的伯父病了，等我从青海回来以后，再给他寄一些钱……没想到此次通信竟成了永别。

他从不发脾气，不把自己当特殊

"尽管在很多人面前他是沉默寡言的，但是他的爱好很广泛，他年轻的时候就特别地喜欢照相（摄影）。不过他不大爱照人物，净照些风景，他对音乐很感兴趣。听到一个唱片马上就能说出是哪一个音乐家的作品，还有这个作品的特色是什么。"纪录片《永远的怀念》中李佩说。

该纪录片中，面对镜头，郭永怀当年的同事们这样说：

"他在力学所很和蔼是出了名的，他的思想很自由。他走路回家都低个头，见了谁都不打招呼就回家了。"

"他上班不开窗户，他也不喝水，人干巴巴瘦瘦的，礼拜六礼拜天都在上班的，只要外边没事，他就来上班，主要是跟研究生讨论问题。"

"住也跟我们一样，住在小平房里，工作忙的时候通宵达旦，他特别累的时候就躺在没垫被褥的铁皮床上，休息一会儿，再跟我们一起工作；中午吃饭也都围在餐桌边站着吃，凳子也没有。"

"他从来也不发脾气，也不把自己当成特殊的人。"

……

这些记忆，共同还原出了一个生活化的郭永怀。

人们找到我，是因为爱屋及乌

郭涛随处都能感受到人们对郭永怀的崇敬之情。有一次他去参加中物院的 60 年院庆，登台时，主持人康辉介绍说，"这是郭永怀的侄孙郭涛"，话音未落，台下上万人顿时一片掌声。

"最早的感受是每周去奶奶家的时候，奶奶的邻居问你是李先生家的亲戚？听到我说是，对方的眼神就满含敬仰之情。"郭涛说，"前年我参加一个关于周恩来和'两弹一星'的纪念活动，现场合影时，我的习惯是溜边。第一排剩一把椅子，谁都不好意思坐，周恩来的侄女周秉德老师听说我是郭永怀亲属，硬拉我过去坐了，照完相还拉着我的手亲切地聊起来"。

70 周年国庆游行时，聚起来的"两弹一星"元勋后人聊起来：程开甲的女儿程漱玉提起爸爸说过"和郭永怀一起共事非常愉快"；于敏的儿子于辛忆起父亲说过"郭永怀的专业理论知识非常强"。

陈毅的儿子陈昊苏也跟他们在一个车上，看到郭涛手里举着郭永怀的头像，就很敬仰地跟他聊起郭永怀。

"郭永怀的贡献和光辉与他的父辈、他的老师、和他一起共事的同事有关系，而和我们这些晚辈没有什么关系，人们找到我，是因为爱屋及乌。他不只属于我们家族，更属于我们的国家。"郭涛说。

他是拿来敬的，不是拿来用的

郭芹曾写过不少望其成才的信给郭涛。对于郭涛所取得的成就，郭芹是满意的。郭芹还带着他去拜望了自己的长辈。但跟郭永怀比，郭涛觉得自己只算是个"技术人员"。

"我们唯一的相似之处可能是家族性格。"郭涛说，当年考大学选专业，他拒绝了李佩"去吉林大学师从唐敖庆大师读化学"的建议，而是根据个人兴趣选择了适合自己的专业。工作的几十年里，他从未向外人提及自己跟郭永怀的关系。直到 2019 年他举着郭永怀的荣誉像参加国庆阅兵仪式时，周围的人才知道。单位同事后来遇到他时说："你藏得够深啊！"那时，他已经退休多年。

虽然从不对人提及郭永怀和李佩，平常也只当是亲人。但内心深处，郭涛对这两位功勋卓著的长辈是无比敬重的。郭涛的儿子从人大附中实验班毕业准备出国深造时，听说有出国的同学找院士写了推荐信，有人建议郭涛利用郭永怀的影响力也去找院士写一下。但他对儿子说："你太爷爷在老百姓心中很神圣，他是拿来敬的，不是拿来用的。"

（《中国核工业报》记者 余诗君）

宋任穷

开国上将，卸甲赴"核"

宋任穷

（1909 年 7 月—2005 年 1 月）

核工业首任部长，我国核事业主要开创者之一。

男，湖南浏阳人，历任三机部（后改为二机部）部长、东北局第一书记、沈阳军区第一政委，第一至第三届国防委员会委员、第十一届中央委员、中央书记处书记，第十二届中央委员和中央政治局委员，第四、第五届全国政协副主席等职。1955 年获一级八一勋章、一级独立自由勋章和一级解放勋章，1988 年获一级红星功勋荣誉章。

作为核工业首任部长，他主持制定了《第二个五年计划期间原子能工业建设的计划方案》，经常深入地质队、矿山、建设工地和研究所调查研究，指导工作，全面推进原子能事业的发展。苏联毁约后，他坚决贯彻党中央"自己动手，从头摸起，准备用八年的时间搞出原子弹"的决策，注重建立中国自己的核科研基地和工业体系，为我国核工业稳定有序地实现完全、彻底自力更生奠定了良好基础。

宋勤在师大女附中读书时，父亲宋任穷来北京开会，抽空来学校看她。他坐在学校传达室一条硬板凳上，等着女儿。"见面后他让我去他开会的中南海西楼住几天，我说我不去。"这是整场访谈里笔者听到的宋勤关于父亲最温柔的记忆了。

中南海西楼，在今天也是普通百姓心目中非常神秘的地方，十几岁的小姑娘未必没有好奇心想去看一看，但父亲那

宋任穷（右）与女儿宋勤（左）

严厉的教导，大概已经深入宋勤的意识中，形成第一反应了。

1949年，宋勤坐着大卡车，随荣臻小学（八一学校）进北平，一直到1954年底她的父母来北京之前，都是住学校集体宿舍。父母搬来北京后，学校要求家在北京的必须回家住，她这才和父母住在一起。"但他们每天早出晚归，我也一样，见面的机会依然非常少。1959年，我去哈军工上学，第二年父亲调入东北局后一直在沈阳，而我毕业后就又回北京了。整体上我和父亲相处的时间就很少。"

中学时代的宋勤一天三顿饭都在学校吃。因为父亲说，"你们不可以有干部子弟的优越感，要和工农子弟打成一片"。

对自己的子女，宋任穷是严格的。但在不少老战友的孩子眼里，他却是个很慈祥的长辈。宋勤就曾在一本杂志上看到过王任重同志的女儿王小平写"干爸爸"宋任穷的文章。

把我调出来吧

作为开国元勋，宋任穷的一生，丰富而传奇。晚年的宋任穷接受了一些同志的劝说——以亲身经历展现新中国成立与建设的不易、为后辈留下一些史料，通过口述留下了一本《宋任穷回忆录》。宋勤也是在这本回忆录中才详细了解到父亲的人生经历。令她深感惊奇的是，80多岁的父亲竟如此清楚地记得自己那些经历，清楚到某场战役所发生的地点、时间、参战部队番号以及一些干部特别是烈士的名字。"可能那些经历对他都足够刻骨铭心吧！"

1955年国庆节，宋任穷（左一）与邓颖超（左二）、陈赓（左三）、肖劲光（左四）在天安门城楼上

1956年4月，周恩来总理对刚授上将军衔不久的宋任穷说："你从军队里抽调一名中央委员来加强地质工作吧。"思考了两天之后，他对周总理毛遂自荐说："把我调出来吧。"当时，同一级别，军队的待遇比地方待遇高。

苏联专家来做客

1956 年 11 月，宋任穷调任二机部（当时的三机部）部长。对于这一时期的父亲以及二机部，宋勤的记忆很少。

"有一次我回到家，看到家里放了一个花篮，据说是苏联专家送给我妈妈的三八妇女节礼物。还有一次，一位苏联专家到家里来做客，当时我正学俄语，就拿了一本苏联的杂志，用俄语告诉他我喜欢这本书。杂志上有一个男孩的照片，他说你是喜欢这个男孩还是喜欢这本书？他还挺幽默的。"

"父亲给我的印象就是见不着他，平时就见不着，他在二机部那会儿更见不着。那时我正在上高中，每天忙于学习和参加各种活动，过着《让我们荡起双桨》里所唱的日子，并没有留意爸爸去哪儿了。"80 岁的宋勤风趣地说。

出现在家里的物理老师

宋勤回想起住在帅府园那段时间，自己遇到不会做的物理题时，会请教一位经常在她家出现的懂物理知识的老师，"他可能是二机部派来为我父亲讲解原子能基本原理知识的物理专家……父亲是个热爱学习的人，每进入一个领域，他就要学习一些专业基础知识，当然不可能很深透。但我后来在他的回忆录里看到的专业名词也不少。"宋勤说。

宋任穷一生被派往过各个区域和领域，曾参与接管南京，去西南平定局面，去东北发展生产，创立原子能事业，恢复航天事业，等等，每一次他都做得很好，部分原因大概就得益于他有热爱学习的精神吧。

你是谁，咋躺我床上来了？

宋任穷一直很注重深入基层进行调查研究。在二机部，他一头抓地质，一头抓科研，更多的精力是放在地质上，经常跟着地质勘探队去找矿。

"当时他还不到50岁，常年深入基层，出没于深山老林，每天要走30多公里，与找矿队员们一起住帐篷，排队吃饭，并积极向他们学习找矿知识。有一次，他在一个工地上试睡一个工人的床铺时，因为奔走劳累，竟在上面睡着了。等那个工人回来，看到一个陌生人躺在自己床铺上，就上前一边使劲摇醒他，一边不高兴地问：'你是谁，咋躺我床上来了？'"这些细节，宋勤是听核工业的老人讲的。

在找矿队员们的使命感和宋任穷的带领下，1958年我国就找到了不少的铀矿。同年，"一堆一器"也建成了。

冬天去北方，夏天去南方

1977年出任七机部部长时宋任穷已经近70岁了，为了推动各项任务尽快完成，他到基层各地奔走调研。冬天去北方，夏天去南方，并且尽可能抵达每一个工作点，看望到所有的一线干部、科技人员和工人，无论问题大小都尽力为他们解决。

去内蒙古调研时，风雪交加，道路冰滑，尤太忠书记担心他出事，就给他派了一辆带链子的车。在距离呼和浩特市一百多公里的四十四所，他连一个正在吊车上工作的工人都不忽视，也上去慰问了他。

"我是2009年为父亲诞辰一百周年活动去呼和浩特市听那里的人

讲的这件事。那些人说起宋部长来仍然很感动，他们一直记得我父亲，说他去哪儿一定要把每个单位、每个人都看到、问到，事后为他们解决了不少问题。我听了也很感动。"宋勤说。

"由于经历过'文革'的批斗，他身体很虚弱，体重才90斤。去川北山区一个基地调研时，我妈妈要求一同去好照顾他，他说可以，但要自己买飞机票。去之前，他还特意嘱咐基地的人，不许接送迎来，必须一切从简。到那儿之后，坚决不住县里，执意去基地的招待所住，那里的条件较县里差，他肠胃不好，有一次吃了一顿饭后就发起了高烧。"

党的人、组织的人、人民的人

"在我印象中，父亲的一生就是南征北战、东遣西调的一生。工作岗位需要去哪儿他就去哪儿，党需要他去哪儿他就去哪儿，从军队到地方，从这个部到那个部，走到哪儿他都必须把事情做好。对于我们来说，他是属于党的人、组织的人、人民的人。"

宋任穷平常灌输给子女的观念就是人不论地位高低，都要相互尊重。在这一观念下，宋家的人和家里的工作人员关系非常好。在父亲的影响下，宋勤还利用暑假和同学到工作人员的家乡去参加劳动。

"父亲在七机部当部长的时候，我和我先生也在七机部工作，但我们并没有因为他是部长而享受到什么福利，我们知道父亲是什么样的人，也非常认同他。当时我们和一名张姓同事及其家人共住一个套间，两家人共用一个卫生间、一个厨房。父亲还去我们住处看过。"宋勤说。

没想过坐父亲的专车

关于父亲铁面无私的作风，宋勤还回忆了一些事。

"有一次，我得了急性膀胱炎，非常难受，当时我在中南海国家机械委上班，父亲也在中南海工作，我要是坐父亲的专车应该很方便，但我脑子里根本没动那念头，就自己坐公交车回南苑的家。当时车上没有座位了，我只能坐在驾驶舱旁边的发动机上面，剧烈的振动让我更加难受……"时隔多年，当时的痛苦已淡化为回忆者脸上一抹无奈的笑。

"'文革'初期，有一次我父亲来北京开会，我弟弟宋克荒去看他。克荒当时正在清华大学读书，学校的伙食是定量配给的窝窝头。同学说宋克荒的父亲来北京开会了，他去那儿肯定会有饭吃，就把他那个窝窝头给吃了。克荒回到学校后，只好饿着肚子。"

挤牙膏、挤牛奶，挤多少算多少

"二机部创业初期，最重要的是队伍建设，毛主席和党中央很重视原子能事业，所需人、财、物都予以大力支持，主要的难点在于协调落实到位。我父亲就想办法四处筹集干部、科技人员和技术工人等。"

从 1956 年到 1958 年，在核科学技术与核工业领域，中苏共签订了 6 个协议，宋任穷负责签了 4 个。

关于苏联毁约，在宋任穷的回忆录里有这样一段话：

"原来答应 1958 年 11 月给我们原子弹教学模型和技术资料，迟迟不予运来。我们一再催促，回答总是支支吾吾，以多种借口拖着不给。这时候按协议规定，派来一位搞空气动力学的专家，到我们核武器研究所帮助工作，但来了以后尽支使我们科技人员学外语，到无关紧要的工厂矿山实习，而自己整天躲在办公室看书，问他一些重要的技术问题，什么也不说，我们称他是'哑巴和尚'。"

在与苏联签订协议之前，宋任穷就领导二机部确立了以自力更生为主、努力争取苏联援助为辅的方针，把苏联的援助纳入我们自力更生的轨道。1959年6月，苏共突然来信说要推迟提供协议中的模型和资料，预感对方可能要毁约，我方科技人员就积极跟苏联专家交朋友，对口学习，要资料、学技术，按当时的说法叫"挤牙膏、挤牛奶，挤多少算多少"。

由于二机部各方面做好了应变准备，加速了自力更生进程，1960年7月苏联撤走后，我国原子能事业平稳过渡。

1960年初，宋任穷在广州学习，期间去见毛主席，被问及何时爆炸原子弹时回答说，"部党组经过再三研究，即使尽到最大努力，爆炸时间也得推迟到1964年"。

你们要去连鬼都不去的地方

原子能事业初创者在大漠中的生活非常艰苦，那里"春暖花不开，柳绿燕不来，风沙漫天舞，一天四季在"。吃的是"无缝钢管"（指从南方运过去的老了干了切不动咬不动的空心菜）。有新人要来时，宋任穷就嘱咐说你们一定要跟人家说清楚，这个地方很苦。

他曾对一个人说："我宋任穷就是一个穷字，你们要去的那个地方是一片荒野，漫无人烟，连鬼都不去的地方，你们来了，就是要有艰苦奋斗的精神。"

一天，宋任穷和刘杰去研究所看望科研人员时，对他们说："你们都是搞流体力学和空气动力学的，你们的任务就是要把这口气变成动力，把我们的事业搞成功。"

1960年6月左右，宋任穷快要被调走之前曾组织开了一次动员会，地点就在当时九局建造准备用来放置苏联的原子弹教学模型的仓库里。一二百名干部席地而坐，宋任穷说："他们不给，我们就自己干，一定要把压力变成动力……"一位同志听后说："我们就是要把奋斗的奋，改成愤怒的愤，发愤图强，就憋着这口气，就要争这口气。"

"父亲曾说，二机部这支队伍素质很高。不是一个人两个人，而是整个队伍，他们在为国家和人民争这口气。"宋勤回忆说。

盼的就是这一天

1960年，在国家面临严峻的困难局面时，宋任穷调任中共东北局第一书记。他从二机部调走时，正是苏联毁约后核工业自力更生的关键时期，他不愿意在那个时候离开，就去找聂荣臻、贺龙、罗瑞卿等人，他们也都同意他留下，后来他又去找书记处的彭真和邓小平，邓小平说："主席定了，你不要再说了，我们也不说了。"

"父亲是真的不愿意走，去了东北局后，他也一直与刘杰保持着联系，不管是刘杰到东北，还是我父亲去北京，只要能见上面，他们一定见面长谈。从我父亲任职二机部到离开，他们两个人一直是在核工业大楼2楼4号共用一间屋子办公，按刘杰的话说不是缺房间，是觉得那样挺好的，而且工作效率高。"

访谈中，宋勤念了几段宋任穷当年的日记：

"1963年1月于沈阳　第二机械工业部刘杰、刘伟、袁成隆、雷荣天、钱三强、牛书申等同志参观松辽油田，路过此地，谈了三个多钟头。"

"1963 年 8 月 25 日　今为休息日，休息，上午看了些文件，下午看日本和我国女子排球赛，结果为 3 : 2，我国女子国家队负，晚上刘杰同志来此闲谈，听了他们的工作发展颇快，甚满意高兴！"

"1963 年 8 月 29 日　上午同刘杰同志到某研究所见朱光亚、彭桓武、程开甲、周光召、邓稼先等人，并参观了一些东西。看起来发展甚快，出乎意料，甚为高兴！"

"1964 年 10 月 16 日　下午四时接到刘伟同志的电话，第一颗原子弹爆炸试验（下午三时）已经成功，一切良好，拟广播，于广州。"

已知试验成功，并得知要广播时，宋任穷就一直守在收音机旁等着，但他迟迟等不到广播，一直到当天 22 点中国才向世界宣布喜讯。

"听到这个喜讯时，我正在哈军工读书，特别激动地做了一个黑板报，作为父亲的女儿，我都这么兴奋，父亲亲自带的队伍，1960 年他还亲自向主席汇报过相关工作，盼的就是这一天，可以想象他当时更是什么心情！"宋勤说，"82 岁时，父亲还去参观过大亚湾核电站和秦山核电站，看到核能实现了和平利用，父亲很高兴"。

父亲痛惜的青年干将的墓地，我们找到了

宋任穷十七八岁刚参加浏阳义勇军时，正赶上要参加南昌起义，因为计划泄露，部队还没到南昌就被通知撤离，部队派他进城找党组织请指示。那是他第一次进城，找到了汪泽楷书记。对方写了一封秘信让他带回，并告诉他这一路风险很大，并带上 60 块大洋，经过一个关卡时，人差点被抓住。他去找原部队，部队已经走了，他又按照

人家指引的方向，追上了部队，最终把密信和大洋一分不少地交给了毛主席。

那封信，对毛主席决定去井冈山起到了重要作用。

宋任穷前半生一直南征北战，经历过很多人的牺牲，直到晚年他仍然深为痛惜的，是在山东聊城的一次战役中牺牲的肖永智。肖永智是河南信阳新县人，智勇双全，是一位很有才华的青年干将。他刚从老家结完婚回来，本来要去太行山党校学习，却积极向宋任穷请战，宋任穷不许，肖永智说自己比较熟悉那支队伍，一定要带队打完那一场再去，并给一位要同去学习的同志写信说等着他打完仗一起去党校。

不幸，肖永智和警卫员却在那场战役中牺牲了。对此宋任穷一直懊悔不已。

有感于父亲的遗憾，宋任穷诞辰一百周年时，宋勤和弟妹们到处找肖永智的墓地，找了很多墓园，才在聊城莘县找到肖永智的墓。巧中不巧，他们到达墓园时，肖永智的家人前脚刚走，他们也是第一次找到那里。后来，宋勤又专程去信阳找到肖永智的后人，所幸他们都过得还好。最使她替父亲感到欣慰的是，肖永智的过继子肖良发还曾作为烈士后人在天安门接受检阅。

（《中国核工业报》记者　余诗君）

杨承宗

没有勋章的元勋

杨承宗

（1911 年 9 月—2011 年 5 月）

我国放射化学开创者、奠基者之一。

　　男，江苏吴江人，放射化学家，1932 年毕业于上海大同大学。历任中国科学技术大学放射化学和辐射化学系主任、二机部铀研究所副所长、中国科学技术大学副校长、安徽省合肥联合大学校长等职。1978 年获全国科学大会奖。

　　他是新中国放射化学开创者、奠基者之一。他响应周恩来总理号召，1951 年回国，亲自把居里夫人实验室独有的碳酸钡镭标准源 10克带回中国，其成为我国开展原子能放射性计量研究的最基础实物，开创了我国放射化学研究。20 世纪 60 年代初，完成了核纯二氧化铀的简法生产，为我国第一颗原子弹的研制作出了重要贡献。他开创了我国铀、钍、镭三大放射元素湿法冶金技术，研制了我国第一块铀锭、我国第一克镭、我国第一颗原子弹试验材料，研制和生产了我国第一批吨级核金属钍。

1951 年，周总理号召海外的中国科学家回国，钱三强托人到法国转交杨承宗 3000 美元，让他买一些科研仪器带回来。为了多买些仪器，杨承宗把自己的钱也拿了出来。

回国时他的行李装满了 13 只箱子，大部分是科研仪器。买仪器很费周折，把仪器运回国也非常困难。杨承宗请居里先生亲自写信给法国巴黎警局开证明允许行李出关。十几天的海上漂泊到了香港，杨承宗又受到英国海关阻挠，最后总算是有惊无险，幸运回国。

"父亲在国外把自己的钱都拿出来买了仪器，回国后还要还清妈妈在国内抚养孩子所欠下的债务，家里的生活一度很窘迫。他只好卖掉了自己心爱的手表和照相机补贴家用。"杨承宗的儿子杨家建说。

子女：做学问与做人，他一生以居里夫人为榜样

用身体挡住射线，眼睛严重受伤

1953 年，中科院近代物理研究所需要中子源，刚回国的杨承宗听说协和医院有个美国进口的放射源，可以收集氡气体。但他去了现场发现仪器在解放前就被破坏了，地下室里弥漫着危及生命健康的放射性气体。担心助手没有经验，杨承宗亲自上去，用身体挡住射线，把破损处焊起来。但他的眼睛也因此严重受伤，视力从此开始下降。

1960 年至 1969 年，杨承宗被借调到二机部五所做业务所长，负责核原料铀的冶炼和分析工作。他在负责原子弹铀原料冶炼研制的过程中奋力工作，经常加班到深夜。他视力下降很厉害，但是却始终坚持着，周围的同事甚至都不知道他在带病工作。

"两个亿"

"当年工作保密，父亲平常什么也不说。在他90多岁的时候，美国人出了一本书叫《现在可以说了》，就是讲原子弹的。我劝爸爸'你也该讲一讲了，说一下你对五所为什么老是忘不了'。他说，'我是搞放射化学的，五所是国内研究放射化学的主要团队，我就应该属于那里'。我说，'你能不能简要概括一下在五所的工作，让我们这些外行人能听得懂？'他想了想，说'可以用三个字形容——两个亿'。"杨家建回忆说。

何为两个亿？杨承宗解释说："核弹研制最关键的难点就是高纯度的铀怎么提取，这就是五所当时做的主要工作。把铀矿石变成核纯铀，要通过化冶，提纯1亿倍。提纯后的铀到底能不能用于制造原子弹，没有人知道，只能通过分析其中各种杂质的含量，精准度达到一亿分之一，拿出科学的依据来证明它。"

实验精准度要求高，然而当时却没有好的仪器，有些实验甚至只能用土法做。但即使在这样的条件下，杨承宗带领缺乏技术经验的五所团队攻克了所有技术难关，并提前3个月完成了上级交给的任务。

杨家建曾问父亲："原子弹爆炸试验是非常重大的事情，你怎么能确信五所冶炼出来的铀纯度可靠？可以确保原子弹爆炸中不出差错？"

杨承宗回答说："我会在每一个参数的实验精确度要求的基础上，再提高一个数量级进行实验。如果还有怀疑，就用另外一种方法，比如萃取、紫外、红外，甚至是物理的方法，等等。通过多种原理的方法检测同一个参数，得出同一个结论，这样就证明结果是可信的。"

"父亲一共做了几十个参数，每个参数分别需要几个方法去验证，而且这些方法对于当时的中国来讲大多是第一次。每一个参数的试验过程都可以写成一篇重要的论文。但当时父亲既不能发表，更不能邀功，他一心想的是按时完成任务。"

我曾经问父亲："如果核原料冶炼的任务不能按时完成，怎么办？"父亲回答："按照科学办事，就能担当。""父亲去世前几天曾给我写下几个字'崇尚科学，美丽人间'。"杨家建说。

我是居里夫人的学生

当时在法国的中国留学生里，杨承宗为人好、正直，又是居里夫人的学生，大家选举他做留法学生会副总干事。在法的中国留学生聚会庆祝新中国成立时，现场冲进一些国民党右翼分子持械行凶，造成了流血事件。法国大理院审理此案时，亲历现场的杨承宗出庭作见证人。

"那是他第一次进法庭。法官一看是中国学生，就表现出轻视的态度。但一听到父亲自我介绍是居里夫人的学生时，马上气氛就非常缓和了，法官甚至都露出了笑容。这令我父亲深切感受到法国人民对居里夫人的敬重，他作为居里夫人的学生很自豪。他也因此在做人和做事上，一生秉持'我是居里夫人的学生，我要以居里夫人为榜样'的信念而严格要求自己。"杨家建说。

同事：无论是抓业务还是抓人才，他都抓得很细

一生欣慰两件事：炼铀、培人

1960 年，杨承宗被在二机部主抓业务的副部长钱三强请到五所当技术副所长。当时，二机部已经下达任务，要为原子弹试验提供 2 吨核纯的二氧化铀原料。1961 年 3 月，五所从湖南、广东等地收了

近 300 吨黄饼原料开始提炼。

据第一批筹建五所的老同志讲，杨承宗在五所建立起了一整套科研工作体系，也培养了一批人。无论是抓业务还是抓人才，杨承宗都抓得很细。当时来的都是刚大学毕业的年轻人，从做调研报告、调查研究方法、做开题报告到设计技术路线、实验方案甚至科研成果报告的规范写作，杨承宗对他们进行了全面的培训。

"我 1963 年 10 月就应该到五所做毕业论文实验了，由于五所是保密部门，几经协调，直到 1964 年 3 月初才进来。当时杨先生费了好大的劲儿，才把流程走通。自那以后每年中科大毕业生来五所实习做论文就很顺畅了。"已经退休十多年的刘虎生教授说，"大学时我们正崇拜居里夫人，为了引起我们的专业兴趣，教我们第一课，杨先生就在黑板上写下了居里夫人从铀矿石提取钋和镭的分离流程。他讲得深入浅出，概念清楚。他退休以后，我们 1959 届同学去看他，他说

1988 年，杨承宗在北京第五研究所建所三十周年庆祝人会上讲话

这一生中有两件事感到欣慰，一个是在五所为原子弹爆炸提炼出了铀，另一个是创办了中科大近代放射化学与辐射化学系，为核工业培养了一批人才"。刘虎生说。

科技人员对他的感情很深

五所在北京市的通县，当时到市里只有一趟公交车，否则要坐火车。为了方便大家去市里的图书馆学习和查阅资料，杨承宗专门安排了每周两趟往返市区的班车，并亲自指导大家查阅文献、检索信息。

当时，很多人学的都是俄语。但从国外买的仪器和好多资料都是英文的。为了提高年轻人的英语能力，杨承宗特意把很多法文资料翻译成英文给大家学习。他还创办了各种培训班，针对科技人员有专业知识及外语培训班，针对工人有技术培训班，还创办了夜校。五所当时的学术和学习氛围很浓厚。

"杨先生特别关心科技人员，他一点架子都没有，诚恳待人，大家有什么问题都可以跟他辩论商讨，什么时候找他都行。他办公室的灯总是到晚上 12 点还亮着，因为很多人都在排队等着去找他。有的要把自己的报告请他看，叫他改；有的工作遇到了问题，要请教他解决的方法。五所的科技人员对杨先生感情都很深。'文革'时，造反派把他当反动学术权威揪出来，要大家斗他，最终没有一个人出来揭发或批斗杨先生。"刘虎生说。

从此关山远隔，不能再为大家服务了

工作后的刘虎生参加二机部的分析会时，听到部里的领导和外请专家都对五所的分析工作评价很高，甚至超过了二机部当时专门负责分析工作的单位。五所在杨承宗带领下建立起一整套大约 20 多种铀

化合物及金属铀中多种杂质的分析方法，通过验收后成为二机部的标准方法。后来，五所据此还出了一本书叫《铀的分析》。五所也成了核工业的标兵，七一三厂、二七二厂、二〇二厂、四〇五厂、五〇四厂、八一二厂、四〇四厂甚至401所等当时都派人到五所学习。

"这些都是杨先生工作抓得很实很细的结果。这个我自己有切身体会。我一来就接了一个科研任务，也是杨先生亲自指导的，当时我写完科技成果报告以后，他亲自修改。他对科研报告一字一句抠得很严。他经常跟我讲他之前在学校就常讲的那句话'科研就是前沿，科研就是创新，就要认认真真'。"刘虎生说。

除了放射化学，实际上杨承宗在物理领域也有所长。他在近代物理研究所时，需要做同位素，由于仪器匮乏，他还自己研制了我国第一台质谱计，后来他还成为中国质谱学会第一届理事长。1966年8月，五所光谱组进口了一台法国的真空紫外光谱计，说明书都是法文，而当时五所的人都不懂法文。杨承宗就抽时间帮他们把好几本说明书都翻译了，还帮忙调试好仪器，那是很大的工作量。

由于杨承宗的人事关系一直在中科大，1969年中科大搬到合肥，杨承宗只能离开他一生眷恋的五所。走之前，他亲笔写了一封"辞别书"，贴在五所食堂门口："……从此关山远隔，不能再为大家服务了……后会有期……"

五所还有1400多人，怎么养活？

杨承宗跟世界各国核领域的人关系都比较好。美国原子能委员会的主任是他的学生，法国的居里夫人实验室主任是他在法国时的助手。他喜欢带年轻人出国考察，开拓视野。他离开后，五所一度跟国际上失去了联系。

1975年，为从铀矿中提炼镭，五所下属的七五〇厂成立，请杨承宗去验收成果，并准备趁机请他回五所。在那次鉴定会上，杨承宗谈到了一个在当时有点超前的话题。他说世界上没有哪个国家有这么大一个研究所，1000 多人都专门研制铀。

当时原子弹爆炸试验已经完成，而五所还有 1400 多人，怎么养活？杨先生建议五所把研制铀建立起来的分析方法和工艺技术扩大到民用领域，多尝试一些领域，比如稀土、镭、黄金等，把应用范围搞大一点。

家人还记得，参加完那次会议，回到家中的杨承宗一脸严肃地思考了很久。他在忧虑五所这么多人的出路。当时"文革"还没结束，有人说他是最先提出保军转民思想的人。

因为提出这个观点，有人说杨承宗要将五所带偏方向，请他回五所的计划也搁浅了。没过几年，风向大变，五所也改名为北京化工冶金研究院，大力推进民用研发。

1998 年春节，杨承宗（前排右）和化冶院等同事合影

学生：爱才、惜才，是他一生的"旁业"

你们要处分这位同学？我还要表扬他呢

1960年，姑苏考生祝振鑫考入中国科技大学化学系。那时的系主任杨承宗兼任五所技术副所长，还兼任401所两个研究室的室主任，已经顾不上教课了，这一对师生本应无交集。但祝振鑫大二时做仪器分析，发现了一个新的现象，在一位老师的支持下，他利用课余时间做了一些实验并写了一篇报告。这篇报告被传到了杨承宗手里，他很感兴趣，还请五所的专家判断其价值。杨先生因此也记住了祝振鑫。

大三物理化学课期中测验后，祝振鑫发现一道考题的图画错了。而教授在课堂上答疑的时候画的依然是错的图。祝振鑫走上讲台指出了教授的错误并画出了正确的图，因此冒犯了教授，对方不肯来上课，教务处要处分祝振鑫。杨承宗听说后，一连说了几个"好极了"，并说："你们要处分这位同学？我还要表扬他呢，当老师最大的心愿不就是青出于蓝而胜于蓝吗?!"

大四上专业课《放射化学》时，祝振鑫又发现用"活度"代替"浓度"来讨论镭、钡盐分级结晶的规律时，可以得出一些很有意义的结果，主讲老师就安排他给全系师生进行了一次学术讲座。学生开讲座，这在系里还是头一次。祝振鑫后来得知这件事也是杨承宗支持的。

现在有6个题目适合你做，你喜欢哪一个？

"1965年7月，我毕业后到了五所。有一次我吃完晚饭从食堂出来，正好碰到杨先生和几位领导在散步。杨先生把我叫过去，向领导们一一做了介绍，我当时受宠若惊。后来才知道，我能到五所，还是杨先生努力的结果。我本来被分配到了青海二二一厂，杨先生努力协调，把我留下来准备协助他从事一项专题研究。"如今已是膜分离专家的祝振鑫回忆说。

可当时室领导看了祝振鑫的档案，认为他既不是党员也不是团员，就把他安排到河南农村改造了。3个月后，杨承宗亲自给在农村的祝振鑫写了一封信："你快回来了，现在有6个题目适合你做，你喜欢哪一个？告诉我一下……"

在"文革"中，杨承宗因这封信屡受牵连。

中国决定研制原子弹，源于居里夫人托杨承宗捎带回国的口信提醒。正直、热情、率真、仗义、年纪轻轻就得遇名师的杨承宗，大概从同样学业优秀而不惧权威的祝振鑫身上，看到了他的恩师居里夫人和他自己的影子。发自内心的欣赏，使他希望像居里夫人那样帮助这个年轻人成长起来。

爱才、惜才、努力培养人才，是杨承宗一生的"旁业"，晚年他还创办了中国第一所联合大学。

能遇到杨先生，是我这辈子最幸福的事

"1973年，我与几位同事一起翻译荷兰学者科德芬克所著的《铀化学》，出版社要求请一位著名专业学者校对一遍，我们自然选择了杨先生。因他家在合肥，他只能挤在自己二女儿在北京的一个三代共居的家里，为我们校对了一个暑假的书稿。我从通县骑车34公里去海淀找杨先生取书稿，能带的礼物只是一书包的老玉米棒子。到了之后，杨先生高兴地说，'好久没有吃到这么好吃的玉米了。'他自己全身热得都是汗，却一个劲儿给我扇扇子，我要自己扇，他就是不

杨承宗（左）和祝振鑫（右）

肯，还说，'你骑了那么多路，还不累啊？'我感动得不知说什么才好。更令我感动的是，杨先生不仅把400多页的书稿每页都标有多处修改的地方，还另外写了33页纸，把书稿中所犯的错误、修改的理由以及初译者往往把握不准的一些介词、前置词和习惯用语的正确用法一一列举出来。后来我能负责或参与翻译500万字的专业著作，与杨先生的言传身教和《铀化学》的榜样作用分不开。杨先生给我写过几十封信。能遇到杨先生并得到他的指导与关爱，是我这辈子最幸福的事。"已是国内膜分离专家并退休多年的祝振鑫万分感慨地说。

自己的意见都不能保留，还怎么代表人民的心声？

说起来，杨承宗还是新中国成立以来第一个在全国人大会议上投弃权票的人。事后家人责怪他不该如此"率性"，他说我是人大代表，我自己的意见都不能保留，还怎么代表人民的心声？大家对他正直、

2010 年，96 岁的刘杰（左）去看望百岁寿辰的杨承宗（右）（云峰摄影）

无私、无畏的精神很钦佩。

因为一些特殊的原因，杨承宗没有进入"两弹一星"功勋之列。细心的人会发现，23 位功勋中，主要都是核物理方面的专家，没有一位是化学领域的，因为是杨承宗一手创建了中国放射化学与辐射化学事业，为国家培养出了第一批放射化学人才。在当时的放射化学领域，没有人能越过他而获得此项勋章。

因为年龄原因，杨承宗也没有获评院士，但他的助理和学生，多人都被评为了院士。

2020 年，中核集团组织评选和颁发核工业功勋奖章，提起杨承宗，评委会毫无争议，一致通过。

（《中国核工业报》记者 余诗君）

钱三强

为中国核事业鞠躬尽瘁

钱三强

（1913 年 10 月—1992 年 6 月）

我国原子能科学事业卓越的开拓者和奠基人。

男，浙江绍兴人，核物理学家，1936 年毕业于清华大学，1955 年当选为中国科学院学部委员。历任清华大学物理系教授，中国科学院近代物理研究所副所长、所长，中国科学院学术秘书处秘书长，二机部副部长，中国科学院副院长等职。1999 年获"两弹一星"功勋奖章（追授）。

他是我国原子能科学事业卓越的开拓者和奠基人。他参与组建中国科学院近代物理研究所（后改名为原子能研究所）。在他的领导下，我国第一座重水反应堆和第一台回旋加速器投入运行。他是我国发展核武器的人才推荐和组织协调者，他选调优秀人才，组织联合攻关，为我国第一颗原子弹和氢弹的研制成功作出了重要贡献。

1928 年，一个 15 岁的高中少年读到孙中山的《建国方略》时，心潮澎湃："由落后到富强，由黑暗到光明，期间有多么大的空白要去填充……除去建立强大的工业，发展先进的科学技术，别无他途！"

发此感慨的读书少年就是钱三强。读完那本书，他决心上大学时报考工科。

然而，四年后他就"见异思迁"了。1932 年，他改变学工科的初衷，考入清华大学物理系，5 年后他又留学法国，师从约里奥-居里夫妇，攻读研究生。

"在年轻人心目中，诱人的东西总是那么多，时常让你眼花缭乱，原子核科学就是一个非常神秘诱人的学科。在 20 世纪 30 年代，正是该学科发展最激动人心的年代。我正是在这个时候同原子核科学结了缘……"在《中国原子核科学发展的片段回忆》中，钱三强如是说。

此后一生中，钱三强为中国核事业的发展鞠躬尽瘁。他主持创建了中国科学院近代物理研究所，聚集并领导一大批核科研人才取得了一系列核技术研究成果，建成"一堆一器"，为我国核事业的发展奠定了基础。此后我国的核物理、反应堆工程、放射化学、放射性同位素制备、加速器技术、受控热核聚变等核科研工作相继开展起来；在 1959 年苏联专家撤走之后，钱三强组织研究所科研人员独立自主攻克六氟化铀生产、点火中子源研制、氢弹理论预先研究等科研难关；他还将邓稼先、朱光亚、王淦昌、彭桓武、于敏等最优秀的一批核科研人才推荐到核武器研究所工作。这些工作，为"两弹"的成功研制起到了重大作用。

1937 年留法前夕钱三强（右一）与家人合影

"男儿之志，不能只顾近忧"

1937 年，钱三强获得去法国居里研究室攻读研究生的机会。行程在即，卢沟桥事变爆发，父亲忧愤成疾，国难家患……正当这位青年学子内心踌躇之际，老父亲一言点醒了他："你学的东西，将来对国家是有用的。报效祖国，造福社会，路程远得很，男儿之志，不能只顾近忧！"

1948 年，钱三强、何泽慧夫妇及女儿在回国的轮船上

在法国学习了 11 年，钱三强迫切希望尽早回到祖国，把他从事的原子核学科知识运用到中国的土地上，生根、开花、结果。曾有一次，他回国申请手续都走完了，但遇上战争爆发而没能回来。

1948 年 5 月，他与爱人何泽慧的回国计划终于成行。临行前，导师居里夫人嘱咐："（你们）要为科学服务，科学要为人民服务。"

国民党政府想让钱三强到中央研究院物理研究所当所长，他婉拒，并选择回到清华大学物理系教书。那期间，他还兼任北平研究院原子学所所长。

"全所只有五个人，除了我当时兼任所长，还有研究员何泽慧……当局每月拨给的全部经费，只够购买十几只真空管；实验室内空空荡荡，仪器设备奇缺。我们只好骑着自行车大街小巷跑旧货摊、废品站。我们还从天桥拍卖行买回一台旧车床，自己制作一些简单仪器。"

"合纵连横"无果，失落而归

1948年底，清华园首先获得解放，青春热血的清华学子无法安心学习物理，许多人闹着要转系，或去参加革命。兼任清华物理系主任的钱三强受命去做安抚工作，从物理学的有用谈到中国新图景时，他自己再次心潮澎湃起来："要知道，中共是人民政府。一个人民政府，是为人民谋利益的，对人民负责的政府，必然会发展原子能。到那个时候，不要说你们班上这些数量有限的学生，再加十倍也不够！"

这不是钱三强在画"大饼"。国家要发展，一定会重视发展原子能事业，原子学所将迎来重大发展机遇。钱三强心里早就意识到这一点。作为一个留学归国的科研人员，他一直在思考如何集结国内原子学的研究力量，形成欧洲那样有名气的实验室。

在那段时间，何泽慧注意到丈夫的沉默："你是遇到什么难处了吗？"

"我在想，我国从事原子核科学研究的力量很分散。就拿北平来说吧，清华有一摊，北大也有一摊，我们这儿也是一摊，可是哪一家的力量都很有限，是否可以把北平的力量联合起来呢？如果联合起来，人员和器材方面的力量都会强些。我们可以有计划地多开展一些研究工作。"钱三强回答道。

钱三强不是空想家，他先后到清华、北大去游说，对方都很客气热情，但却都委婉地表示难以实现。他失落而归。

散发着霉味的 5 万美元

直到 1949 年北平解放后，中共中央派钱三强到巴黎出席保卫世界和平大会，他想趁机找自己的老师居里先生帮忙购买一些实验仪器，就试着跟中央张口要 20 万美元。

等了三天不见回音，钱三强开始忐忑不安，他埋怨自己书生气太重，不识时务："战争还没有停息，刚解放的城市百废待举，农村要生产自救，经济状况何等困难，国家怎么可能在这种时候拨出外汇买科学仪器呢？这不是完全脱离实际的非分之想吗?！"

第四天，钱三强被叫到了中南海。"你那个建议，中央研究过了，认为很好。我们清查了一下国库，还有一部分美金，国家有这个力量，决定给予你们支持。在代表团的款项内，先拨出 5 万美元供你使用。"时任中央统战部部长李维汉把中央的意见告诉他，并嘱咐他，"你是代表团成员，和代表团秘书长刘宁一又熟悉，用款时，你们商量着办就成了。"

失落后的欣喜来得太突然，钱三强心如潮涌，只觉眼前一片模糊……当时的喜悦、激动，多少年后他都还记得："这些美元散发出一股霉味，显然是刚从潮湿的库洞中取出来的。不晓得战乱中它曾有过多少血与火的经历，今天却把它交给了一位普通的科学工作者……"

　　他知道这笔钱国家拿得有多么不容易，既感激中央对他的信任，觉得中国共产党是"干大事儿"的，是要成就原子能事业的领导者；也更加想把中国的原子能事业搞起来，助力国家强盛。

　　钱三强把这笔钱带到了国外。由于无法亲自到达巴黎，他就把钱托人分别转给了时称"法杨"的杨承宗和"英杨"的杨澄中。"二杨"不负所托，利用这笔钱置办了不少珍贵的仪器设备带回中国。

"网罗"人才的 5 年

　　1950 年 5 月 19 日，中科院近代物理研究所成立，由吴有训任所长，钱三强任副所长，人员主要由解放前南京的中央研究院和北平研究院部分从事核物理研究的人组合而成，只有 20 多个人。第二年，所长吴有训调任中国科学院副院长，钱三强接任物理所所长，自此，

中科院近代物理研究所

钱三强开启了长达 27 年的所长生涯。（后期，钱三强未在所里工作，但还是所长）

钱三强很早就认识到新中国成立前中国科学研究的弱点："都是科学家个人凭着为国家富强的热情和献身科学的精神，在经费拮据、人员不足、手段落后的困难条件下，自发地做些力所能及的工作……缺乏计划性，谁也没有长期准备……彼此缺乏了解，互不联系，难于进行集体合作。"

因此，他始终在有目的地筹划我国的原子能工作。联合各方做大的想法"流产"后，他也没有放弃。他善于结交和接纳人才，开始四处"挖人"。先请来了文武两员大将。"文"指在清华大学任教的国际知名的理论物理学家彭桓武，"武"就是当时在浙江大学任教的实验物理学家王淦昌。受到邀请的王淦昌坐轮渡过长江再转火车，欣然北上。

在钱三强的"网罗"下，数百名科学家在近代物理研究所聚集，有实验物理学家赵忠尧、杨澄中、戴传曾等；有理论物理学家邓稼先、朱洪元、王承书等；有放射理论化学家杨承宗、肖伦等；有计算机和真空器件专家夏培肃、范新弼等。同时，他还选派年轻的大学毕业生到苏联去学习，也在国内搜罗培养高才生，如黄祖洽是彭桓武带出来的研究生。

"他领导的原子能研究所人才济济，兴旺发达，名副其实成为我国第一个综合性的核科学技术研究基地。"中国科学院院士、"两弹一星"元勋周光召在《钱三强与中国科学院》一文中回忆道，"作为所长，钱老大度无私，知人善任。钱老想方设法为来所人员创造条件，让他们在各自的岗位上施展才华。在经费、仪器分配上，他总是从全局出发，尽可能先支持其他科学家的研究，对自己熟悉的领域，则要求业务骨干节省经费和器材"。

在他努力经营下，物理所逐渐壮大起来，国内很大一部分核物理专家和放化领域的专家都集中在所里，年轻人也很多。这期间所里还出了一些研究成果，两个加速器也都秘密建成。

除了人才储备外，钱三强在"以原子核物理研究工作为中心，充分发展放射化学，为原子能应用准备条件"的办所方向下，领导全所科技人员白手起家，艰苦创业，在核物理和宇宙线、谱仪和核电子学、放射化学、理论核物理等方面取得了一批高学术水平和高实用价值的科研成果。

钱三强利用这 5 年打下了很好的基础。

在毛主席面前"表演"

1955 年 1 月 15 日，中南海的一间会议室，中共中央书记处扩大会议正在举行，这场会议的主题是研究发展我国原子能事业。

此前一天，钱三强与地质学家李四光已经向周恩来汇报了我国铀矿资源勘探情况和核科学技术研究状况。按照周总理的要求，他们要在毛主席等中央领导面前汇报情况，并要进行一场小小的"表演"。

"我把带去的自己制造的盖革计数器放在会议桌上，把铀矿石装进口袋里，然后从桌旁走过，计数器便立刻发出嘎、嘎、嘎的响声，这时全场都高兴地笑起来。有的领导人兴趣浓厚，还亲自做了实验……"钱三强在回忆文章里写道。

那次会上，毛主席做出了发展原子能的指示，并跟钱三强探讨起原子学方面的专业知识。钱三强解释说质子、中子等基本粒子不可再分。毛主席提出了质疑，从哲学的观点来看，物质是无限可分的。质子、中子、电子也应该是可分的……现在条件不允许，将来会证明是可分的……

我国 1954 年发现的、曾被呈送毛泽东主席和周恩来总理等老一辈革命家研观过的中国第一块铀矿石

钱三强在会上亲眼目睹中央领导作出决定，他受到很大鼓舞，回来就着手成立了中子物理研究室。

不畏"浮"云

在《亲爱的爸爸，您走得太匆忙》一文中，钱三强的儿子钱思进也回忆起了一些往事："当时全国上下都在刮'浮夸风'，父亲作为正直的科学工作者，心里是很矛盾的。实事求是的科学精神曾使他鼓起勇气拒绝了一些不切实际的建议。例如，当时有人提出要搞原子能飞机，父亲认为从国力和科学技术角度讲，都是不符合实际的……他以彭德怀元帅坚持原则为民请愿为镜鉴，勉励自己和我们，一定要做一个实事求是、不讲空话、敢讲实话的人。由此，父亲对那些扭曲历史、践踏实事求是原则的人和事始终是不愿妥协的，哪怕明知有风险、将受到不公正待遇，他也决不违背一个科学工作者的良心。"

"文革"时期，年近花甲的钱三强被下放到陕西"五七干校"。每天天蒙蒙亮他就要起床出操跑步和行军拉练，白天和年轻人一起参加繁重的农业劳动，晚上有时还要写检查材料。但就是在这种情况下，他仍坚持做事认真负责的准则。

"一次，他赶牛在打麦场上碾麦子，突然发现牛翘尾巴要大便，临时找不到接粪的工具，他急忙之中用双手接住臭烘烘的牛粪，捧到打麦场外。事后有人问父亲有什么光辉的一闪念，他说，'什么也没想，只是觉得我负责碾麦子就不应让麦子弄脏或浪费掉'。"

性情平和、正直的钱三强很有"群众缘"。

"在他去世后，来我们家、前往科学院致哀和向他最后告别的人数以千计。其中不仅有他的亲朋好友和有关领导，也有许许多多普通的工作人员、工人师傅、医务工作者、司机、厨师、幼儿园的保育员等。许多人可能从来没和他讲过话，但大家从心里尊重他，爱戴他。"

"冷漠"与慈爱

对待子女，他很严苛，生怕他们滋生任何特殊优越感。

"记得我上四年级的一天放学，父亲在下班后路过学校时，用车把我捎回家，我那天出校门时显得特别高兴。当时父亲就感觉到某种苗头，从此再也不来接我了。他让我像往常和大多数同学一样，乘公共汽车上下学。"钱思进在《父亲教我们走人生之路》中回忆到。

1968年的一天，钱三强把子女叫到跟前说："人生的路是每个人自己走出来的，别人不能代理，哪怕半步；今后更不可能也绝不能代理，哪怕半步……你们要特别清楚这点，从今以后要自己努力把自

1955年，钱三强、何泽慧全家合影

己锻炼成对人民对社会有用的人。"

1978年，国家恢复了研究生招生考试，钱三强反复告诫报考科学院理论物理所的钱思进："这是公平竞争，只能靠自己的本事，说情的事我们绝不会去做。"

1980年，在钱思进出国攻读博士学位前，钱三强的态度还是和以往一样："我们绝不会为你提供任何方便的。如果你自己愿意并有勇气去申请国外学校的奖学金，我们也不反对。我们还是希望你做好两手准备：国外学校录取了，就去；录不取，在国内攻读学位也很好，国内不少导师的水平一点儿也不比外国的差。"

但实际上，钱三强也是一位慈父。他的爱倾注在写给插队的儿子的100多封谆谆教导的家书里。

"有几次，有的知青通过不同的途径参军或回城时，我的思想波动较大，总幻想着父母能早日从干校回北京，并能帮助我找到工作。父亲写了一封长达九页的信，反复帮我分析：'我们过去曾经多次告诉你，一个人的将来主要靠自己，你在这方面总是有不少幻想……'"

这封教导信，钱三强一下子写了5000多字，最后还语重心长地嘱咐："希望你多读几遍。"言语之间饱含了一个父亲内心的忧虑和关切。

晚年的钱三强也尽显慈爱，据其子女们回忆，在女儿女婿不在家的晚上，他常坐在床边给外孙女讲故事，直到外孙女睡熟之后再继续自己的工作。

（本文对《钱三强与中国原子能事业》一书中收录的钱三强及其亲友回忆文章多有参考借鉴）

（《中国核工业报》记者　余诗君）

文功元

中国核电要走自力更生道路

文功元

（1913 年 11 月—2012 年 1 月）

为我国自主核电建设作出重要贡献。

男，四川兴文人，1938 年毕业于延安抗日军政大学。历任四〇四厂厂长、二二一厂副总指挥、基建工程局副局长、三线建设总指挥部副总指挥、计划局副局长、二机部核电局局长等职。

他主导四〇四厂选址筹建，为核武器研制生产作出了突出贡献。牵头给邓小平同志写信，力推我国核电建设，获得邓小平同志批示，推动国务院批复同意建设我国第一座 30 万千瓦的压水堆核电站。

文功元的一生可谓丰富多彩。他早年曾从事党的地下工作，当过延安抗大的教员，在呼伦贝尔草原保护过铁路，也曾见证辽沈战役的隆隆炮声。他是核工业四〇四厂首任厂长，后来又担任过二二一厂副总指挥、三线建设总指挥部副总指挥，以及二机部核电局局长等职务。

文功元的一份关于中国核电要走自力更生道路的报告曾影响了最高层的决策。如今，虽然这位核工业功勋人物已过世多年，但重温他生前的事迹，仍能感受到一位老党员、老核工业人那颗质朴纯真的初心。

做人要有骨气，有志气

1913 年 11 月，文功元出生在四川省古宋县。他 5 岁时，古宋县遭受了一次空前的兵灾匪患。文家又遭到地方恶霸的抄家勒索，自此家道中落，靠着文功元大哥、二哥卖木炭和母亲、姐姐绣花做针线勉强维持生计。

在这段时间里，有一件事情对文功元影响很大。文功元家房后的菜园里，种有 4 棵橘柑树。橘柑刚长成熟，守卫在城楼上的官兵就翻越文家围墙，把橘柑摘了一筐又一筐。文功元的大哥求他们给留一点，好卖点钱买米下锅。官兵不但不听，反而毒打了他一顿。过了几天，大哥和二哥还被拉去当夫役。文功元的父亲又被恶霸打伤，全家气愤极了，都想报仇。

后来，文功元也因肉贩子卖肉缺斤短两与其理论而遭打骂，连文功元的母亲也遭到了辱骂。文功元的哥哥说："报仇也好，兴家也好，都需要有本领，学到了本领，何愁仇不能报？家不能兴呢？"从此，文功元的父母把希望全都寄托在孩子们身上，送他们上学念书，学本领，并告诫他们"做人要有骨气，有志气"。即便是几十年之后，文功元还清楚记得父母当时的鞭策："我们养育你们兄弟姐妹七个，难道一个有出息的都没有吗？一笼鸡，总有一个会叫吧！"

从此，文功元整天埋头苦学，就连寒暑假也不中断，每学期的学习成绩都保持优良。

石灰水治好了他的肠炎，也让他落下了后遗症

1939年1月下旬，文功元从重庆辗转三个多月到达延安，进入中国人民抗日军事政治大学总校和二分校学习，1940年6月毕业后留校任政治教员。1945年8月日本投降后，他离开抗大去延安中共中央党校学习。

在从抗大挺进敌后的路上，文功元不小心染上了痢疾和肠炎，后来又出现了咳嗽和气喘，被转送到白求恩医院治疗。白求恩医院当时是晋察冀根据地最好的医院，由印度友人柯棣华任院长。由于敌后根据地药品奇缺，柯棣华便每天拿一块干净的拳头大小的生石灰，用净水泡开并搅拌滤清后，留下一大杯清石灰水，分早晚两次给文功元服用。

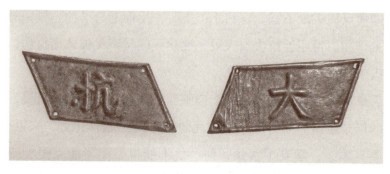

文功元在延安抗大学习时期的领章

就是用这样的"土办法"，经过两个多月住院治疗，文功元的病基本治好了。但这次经历也给文功元落下了后遗症，后半生只能吃软烂的食物，身材也一直很消瘦。

以身作则最重要

文功元晚年时记忆力还非常好，他清楚记得，时任抗大二分校校长孙毅（1955 年被授予中将军衔）有句口头禅："不说则已，一说就干；不干则已，一干就彻底！"当时，孙毅的嘴上留有八字胡，老同志都叫他"孙胡子"。后来，为整顿军容风纪，孙毅对学员命令道："从我开始，一扫而光，谁也不许留！"孙毅的胡子一剃，所有教职员和学生大约三四百人，半天时间就把胡子和头发全剃了。后来，文功元还将这件事归入抗大学习的心得体会之一，以身作则最重要，也深深影响了他后半生的为人处世。

"黄河之滨，集合着一群中华民族优秀的子孙……向着新社会，前进！前进！我们是劳动者的先锋。"文功元晚年在回忆录中感慨："这首当年延安抗大的校歌，词曲庄严雄伟，很有气魄，唱起来悠扬悦耳，感染力很强。我常常默默地歌唱，至今仍如是。"

从大局出发，我同意放在戈壁滩

20 世纪 50 年代，中国的核工业建设加快了步伐。1956 年，文功元被调入核工业。1957 年 12 月，四〇四厂开始筹建，负责人包括文功元、周秩、杨光远等。完成筹建后，文功元成为四〇四厂首任厂长。文功元主持四〇四厂全面建设时间虽不长，但留下了终生难忘的印象。

文功元接受组建任务时，厂址已选了几个点，后经筛选还剩下

1957 年 7 月，文功元（右四）参加四〇四厂选址工作

两个：一个在内蒙古乌梁素海附近的大青山麓，另一个在西北戈壁滩上，但这两个地点都不太理想。于是，时任二机部部长宋任穷和苏联驻部总顾问扎基江让文功元再选一个点进行比较。

经踏勘，文功元又在内蒙古鄂尔多斯草原上选了一个新点，在磴口附近。通过对三个点进行比较，大青山麓那个点首先被否定了。剩下的两个点中，中方倾向于磴口，毕竟草原各项条件优于戈壁滩，排放、用电、交通等都比较方便。磴口那个点唯一的缺点是取水比较困难，要消耗许多电。相比较而言，戈壁滩取的是自流水，线路虽远些，但不需用电。苏联专家米哈诺夫（设计总工程师）主张选址在戈壁滩，苏联驻中国大使馆的一位参赞也支持米哈诺夫的意见。

作为首任厂长，文功元不能只考虑满足工艺上的要求，还要综合考虑其他条件。为此，宋任穷说："老文，你选的地方不错，条件也比戈壁滩好，建起来也可能快些、省些。但是，苏联专家坚持在那个地方，如果不尊重他们的意见，他们会消极对待，我们自己也很难搞起来。再说，人家是援助我们，不尊重他们，会影响两国关系。我们没搞过这个东西，没有自由。如果我们搞出来一个，并掌握了它，我们就有自由了。那时，你愿意建在哪里就建在哪里。这一个，是不是按他们的意见办啊？"

文功元听了这番话，说："宋部长，我明白了，从大局出发，我同意放在戈壁滩。"宋任穷的话给了文功元一个启示，那就是为获得自由，要尽快地把四〇四厂建起来。只有真正掌握核心技术，中国人说话才有底气。

叔叔，你是来接谁的啊？

频繁的调动以及核工业严格的保密纪律，使得文功元与在北京的家人常年聚少离多。在儿女的共同记忆中，"父亲除了回京开会顺道回家看看，就连春节也看不到他的"。

20世纪50年代末，文功元的小儿子文立明正在北京上全托幼儿园，每两周才能回一趟家。一个周六的下午，文立明和其他小朋友一样望眼欲穿地等着家里大人来接。突然，一个身材瘦削、面带笑容的中年男人出现在他面前。文立明问："叔叔，你是来接谁的啊？"那个男人听了一愣，然后笑着对他说："我就是来接你的啊！"幸亏幼儿园阿姨与文功元认识，过来"解围"说："他是你爸爸啊！"

原来，当时正值四〇四厂筹建高峰期，文功元在家人的视野中"失踪"了很久，年幼的儿子已记不得父亲的模样了。

从那件事开始，我隐约感到父亲可能是搞原子弹的

1964年10月16日，文功元恰好在北京和家人在一起。文功元的

儿子文圣军现在还记得父亲当天的"反常"举动："我父亲生前在家不爱说话，跟子女交流并不多。对于自己的工作，我父亲更是从来不谈，我们也从来不问，这是家里的默契。"

"那一年我正在上初中，当时家里有台体积很大的电子管收音机，我爱听连载小说和评书啥的，对此父亲也从不干涉。"文圣军说，"但那天傍晚，父亲专门来到我身旁，让我把频道调到中央人民广播电台，说要听新闻。妈妈猜测可能有重要新闻。"后来才知道，当天下午3时，中国第一颗原子弹在新疆罗布泊爆炸成功。原子弹爆炸成功的消息没有在晚上7点的《新闻和报纸摘要》节目中播出，而是在当晚23点，由中央人民广播电台广播了新华社的《新闻公报》。《人民日报》还发了号外。

如今几十年过去了，文圣军回忆道："也就是从那件事开始，我隐约感到父亲可能是搞原子弹的。"

以后要是再得3分，可就没有奖励了

文功元的女儿文圣英回忆："虽然我父亲平时不在家，但他对子女的要求却很严格，学习成绩不好我们是要挨批的。"

文圣英上小学时，有一次一门功课得了3分（当时是5分制）。按照学校的要求，学生的成绩册每周都要找家长签字。文圣英整个周末都惴惴不安，不敢把成绩册拿给父亲看。她一直等到周一早晨，父亲吃完早饭马上要去上班了，才鼓起勇气把成绩册递给父亲。父亲接过成绩册，扫了一眼，一边签字一边说："以后要是再得3分，可就没有奖励了。"此前，家里人偶尔会给孩子们几分钱的零花钱当奖励。

文圣英说："这件事给我印象很深。所以我小学六年级毕业考试时，五门功课都是100分。"

父亲去世后，妈妈就再也没笑过

由于长期的革命工作，文功元 30 多岁才结婚。他与妻子刘荣范是在 1948 年经人介绍，在东北认识并结合的。虽然两人年龄相差 15 岁，但这丝毫没有影响夫妻二人相濡以沫走过 64 年的风风雨雨，共同养育了 5 个儿女。

文家儿女回忆，每次父亲出差回家都是件大喜事。父亲给他们带过各种土特产，还给他们买学习用具。透明塑料的铅笔盒，"漂亮得让我大妹妹一直舍不得用"，文圣英说。但无论怎样，文功元给妻子带礼物是"保留节目"。

文圣英说："上世纪 60 年代，我父亲从上海出差回来，特意给我妈妈买回了两副铝制的毛衣针。那毛衣针一副是粉色的，一副是蓝

文功元与妻子刘荣范合影

色的。当时我妈妈在建工部工作，单位的女同事看见了都羡慕地说：
'你家老文多好啊，真会买东西。'后来，这两副毛衣针我妈妈一直用
了很多年。"

文圣英还从柜子里翻出了一条珍藏多年的丝巾，她说："这是刚
改革开放的时候，我父亲出差特意带给妈妈的，也给我买了一条。"

子女们还记得，父亲沉默寡言，说话语速不快声音也不高，但冷
不丁地也开个小玩笑，但他们都清楚："父亲的玩笑只对妈妈讲。"

2004 年，刘荣范因患乳腺癌做了手术，术后心情非常抑郁。文
功元就一直陪在妻子身边，偶尔开个玩笑，哄她开心。2012 年 1 月，
文功元在北京逝世，享年 98 岁。文圣英说："父亲去世后，妈妈就再
也没笑过。2018 年我母亲也去世了。"

姥姥是家里的大功臣

"因为我妈妈是家里的独生女，姥姥非常疼她。姥姥对我父亲也
很好。"文圣英说，"由于我父亲常年不在家，姥姥实际上撑起了照顾
孩子和处理家庭琐事的重担"。

三年困难时期，文功元长期在西北地区工作，当地的生活条件非
常艰苦。"有一次，为了给我爸爸改善生活，裹着小脚的姥姥还专门
从百万庄到王府井的副食店排队给我爸爸买酱菜。"

文圣英到现在都还记得，那一天，她在屋里一听见姥姥进楼的声
音，就连忙打开门去迎。差两级台阶进门时，老人家因为是小脚走路
不稳，一个趔趄，一罐酱菜就在家门口给摔碎了。在那个饥饿的年
代，这是多么珍贵的一罐酱菜啊。一家人赶紧把地上的酱菜捡起来洗
好，留着自己吃。"后来，我姥姥又去了一趟王府井，给我父亲新买
了一罐酱菜，托人带到西北去了"，文圣英说。

事情过去多年，文功元有一次很郑重地对子女们说："你们的姥姥是家里的大功臣！"文功元的儿子文圣军也记得："我父亲出差，除了给我妈妈带东西，就是给姥姥带礼物。有一次，他还给老人买了一件很好看的羊皮袄。"

争论的症结，在于很多人不相信中国自己能搞出核电

"文革"后，中国核电建设重新提上日程，但具体怎样发展，却有很多争论。其中焦点之一在于，是靠引进外资和外国技术建设，还是以我为主、自力更生发展核电。这个问题在中央各部委的争论非常激烈。其中，二机部主张自力更生，首先建造中国自己的原型堆。

当时，根据中央发展核电的精神，二机部组建核电局，文功元出任第一任局长，负责制定核电发展的长远计划。针对当时的争论，文功元到各个地方积极进行了调研，结果发现，中国发展核电关键在于能否下定决心。1980年王淦昌也指出，中国已初步形成原子能工业体系，有一定的自主能力。

因此，文功元根据调研情况，给邓小平同志写了报告。报告上说："现在争论的症结并不在进口或是国产，而是在于很多人不相信中国自己能搞出核电。"不久，邓小平批示："核电应该搞，而且要自力更生。国家计委可以批些钱，先进行试验。"邓小平同志的这次批示明确了核电发展方向。

与此同时，文功元积极组织核电站的厂址勘探。1979年，他利用到上海宣布组建728核工程研究设计院的时机，驱车4个多小时，亲赴浙江海盐选址。之后，他又与浙江省科委多次商谈，共同组织了12人小组，踏勘了台州、温州及嘉兴3个地区的7个县16个点。

在秦山一期工地（右三为文功元）

通过实地考察，文功元提出了在海盐县建设核电站的可能性。1982年6月，核工业部与浙江省联合上报了定点秦山厂址的报告。1982年11月，国家计委正式批准中国第一座核电站厂址确定设在浙江海盐。中国的核电产业，经过艰难跋涉，终于迈出实质性的第一步。

对装修工人，我父亲也热情地沏茶递烟

文功元在生活上是个特别有规律的人。他一辈子没穿过一套西服，只穿中山装。虽然衣服未必是新的，但总是保持着干净整洁。

离休后，文功元坚持参加党组织活动。他把参加组织活动看做是一件大事，除生病住院外，没耽误过一次。

每次去过党组织生活，他都要提前一天沐浴更衣。即便是90多

岁高龄时，也要特意去位于新街口的一家国营理发店理发。因为理发店在二层，他年事已高腿脚不便，只好由女儿搀扶着上楼梯。即便如此，他也要以最好的精神面貌参加组织活动。

文圣军说："我爸爸待人接物特别友好，平易近人。包括对部里司机班的司机和装修工人都特别客气。父亲离休多年以后，部里司机班的司机见到我们时，还让我们转达对他的问候。"

文功元一生从不抽烟，但是他家里却常备香烟。"这是他专门用来接待客人的。家里装修或是修理东西，对装修工人和修理工我父亲都是热情地沏茶递烟。"文圣军回忆。

八九十岁高龄时，文功元还坚持每天散步一大圈。为此，他还自豪地向儿女们说："我是很有脚力的。"香港回归后，文功元很想去香港看一看，却因为年龄太大，旅行社拒收才作罢。

2008年北京奥运会后，文功元让儿女开车拉着他去亲眼看看鸟巢和水立方，也看一看北京四环、五环周边的建设。2009年10月1日，文功元已96岁，还登上了天安门观礼台，观看了新中国成立60周年庆典和阅兵仪式。文功元全程精神饱满，兴奋不已，还让工作人员帮着照了不少照片，记录下那美好的一刻。

（《中国核工业报》记者　郑可）

何泽慧

她排名第一，钱三强第二

何泽慧

（1914 年 3 月—2011 年 6 月）

在领导建设中子物理实验室、高山宇宙线观察站等方面作出重要贡献。

女，山西灵石人，核物理学家，1940 年毕业于德国柏林高等工业大学，1980 年当选为中国科学院学部委员。历任中国科学院原子能研究所副所长，中科院高能物理所副所长等职。1956 年获国家自然科学奖三等奖。

她在德国海德堡皇家学院核物理研究所工作期间，首先发现并研究了正负电子几乎全部交换能量的弹性碰撞现象。在法国巴黎法兰西学院核化学实验室工作期间，与合作者一起首先发现并研究了铀的三分裂和四分裂现象。新中国成立初期，与合作者一起自力更生研制成功对粒子灵敏的原子核乳胶探测器。她在领导建设中子物理实验室、高山宇宙线观察站，开展高空气球、高能天体物理等多领域研究方面作出了重要贡献。

中科院的刘晓是少数采访过中国核物理、高能物理与高能天体物理学的奠基人之一何泽慧本人的人。何泽慧生前一向不愿意接受公开报道。在那段与何泽慧难忘的接触时光中，刘晓看到的是一位普通老太太——简单的发髻、朴素的着装，还有其异常简朴的生活，衣服袖口都磨烂了，就连喝过的牛奶袋也不丢掉，整齐地码放好。与此同时，刘晓心中又填满了一位大科学家的传奇历程：发现世界首例四分裂，轰动世界；与中国原子能科学事业创始人钱三强创建我国首个原子学研究机构；向世界宣布见过"拉贝日记"和他保存的照片，捍卫民族尊严；从未觉得巾帼逊于须眉，始终争取、呼吁男女平等……

在近一个世纪的人生旅程中，何泽慧历经波峰波谷，但却始终痴迷科学。她认真工作，朴素生活。她性格倔强、率真，有人说她有永远的童心、童趣……

她排名第一，钱三强第二

1931 年，何泽慧以优异的成绩考入清华大学物理系。

那个年代，女性读大学已实属不易，能考取名校物理专业的更是凤毛麟角。这源于她出身名门，从小受到良好的教育。

1914 年 3 月 5 日，何泽慧出生于苏州市十全街的两渡书屋。可以说，她是含着"金钥匙"出生的。其父母家族都是世代官宦望族。父亲何澄曾留学日本，追随孙中山从事革命活动，是早期同盟会会员，如今著名的苏州网师园便曾是她家私宅；母亲王季山是物理学翻译家，外祖母王谢长达是清末妇女运动领袖，深受科学治国思想的影响，1906 年创办了著名的振华女校，何泽慧的小学、中学就是在那里度过的。

殷实的家境、开明的思想让何泽慧和那个年代绝大多数女性命运不同，她成长为一个多才多艺的苏南才女。

但何泽慧在清华大学的学习并不愉快。一踏进校门，迎面而来的是一盆冷水。那年，物理系一共招收 28 名学生，其中有 10 位女生。由于受传统观念影响，教授们认为，女生学习物理难以学有所成，于是劝说她们转系。这可气坏了自幼在男女平等家庭文化熏陶下成长的何泽慧，她据理力争：为什么在考试成绩之外，设立性别条件？何泽慧显示出性格里倔强的一面："你越不让我来，我越要来；你们不让我念，我偏念！"最后，系里只好妥协，同意女生试读一学期，但成绩不行的话一定要转走。

那时，国内大学宽进严出，清华的课业尤为繁重。四年的学习中，不断有人退出物理专业，何泽慧不仅没有转系，而且还以论文全班最高分的优异成绩毕业。排名第二的则是她未来的科学伴侣钱三强。

南京兵工署不要我，我自己去找德国军事专家去

毕业找工作时，女性身份让何泽慧再一次受挫。当时全国抗日热潮高涨，何泽慧之所以报考清华物理系，一方面出于兴趣，更多的是想要科学救国。当时的南京兵工署是学习物理专业的学子们抗日救国的首选。教授们积极推荐男生，却未理会成绩更加优异的何泽慧。于是，何泽慧决定留学德国。二战爆发前，中国与德国在军事上有一定合作。留学德国，一来费用较省，更为重要的是，当时德国的兵工技术和理工科教育在全世界首屈一指。何泽慧还得知，柏林高等工业学院技术物理系主任，德国弹道学权威、军事专家克兰茨曾经到南京兵工署当过顾问。她决定："南京兵工署不要我，我自己去找德国军事专家去！"

一次，在清华大学山西籍同学聚会上，何泽慧偶然得知山西省政府的一项规定，凡国立大学毕业的山西籍学生出国留学，可以获得三年3000大洋的资助。何泽慧虽然出生在苏州，但祖籍是山西省，于是她立即去山西办理出国留学手续。也从此，她对山西家乡父老始终念念不忘。

1936年9月3日，何泽慧乘火车到德国。这个梳着两个小辫子的清秀女孩，毫不怯阵，径直找到克兰茨，申请进入技术物理系，学习实验弹道学。

柏林高等工业学院技术物理系，与德国的军事工业有着密切关系，一般不接受外国人在那里学习。尤其是克兰茨从事的弹道学研究，属于军事敏感领域，保密程度很高。起初克兰茨不同意，何泽慧对他说："你可以到我们中国来当我们兵工署的顾问，帮我们打日本侵略者，我为了打日本侵略者到这里学习这个专业，你为什么不收我呢？"最终，克兰茨被何泽慧所打动，破例接收了她。这是该校技术物理系第一次收外国学生，也是弹道专业第一次收女学生。

不超过 25 个字的求婚信

1941年，太平洋战争爆发。德国边境封锁，无法与外界交流。拿到工程博士学位的何泽慧被迫滞留德国，与家人失去了联系。为了维持生计，何泽慧在老师的推荐下，进入西门子公司工作。正是在西门子的经历训练了她在仪器制造方面的技能，回国后她围绕反应堆和加速器研制了不少科学仪器。

这期间，她多次尝试与家人联系未果，万般无奈之下，她想到了在法国的清华同班同学钱三强。当年，被同学称作天生一对的他们，毕业后各自选择了自己的求学道路。何泽慧来到德国，钱三强考到法国巴黎大学居里实验室，跟随小居里夫人学习镭学。1943年，德法恢复通邮，但规定通信不得超过25个单词。何泽慧立即给钱三强写信，希望帮她向家人转达平安消息。也正是这次联系，成为何泽慧与钱三强姻缘的开端。

钱三强曾在回忆中说："这位来自江南园林之城苏州的女同学，朴素文静，秀外慧中，曾经给我很好的印象。"但大学四年俩人都以学业为重，从未谈过感情问题。

随着战争的扩大，滞留德国的何泽慧感受到研究核物理的重要性，于是转而从事原子核物理实验研究。因为与钱三强的研究工作非常相近，两人的联系越来越频繁，关系也日益加深。

1945年，32岁的钱三强终于鼓起勇气，向远在德国的何泽慧发出了25个字之内的求婚信："经过长期通信，我向你提出结婚的请求，如能同意，请回信。"不久后，何泽慧回信："感谢你的爱情，我将对你永远忠诚。等我们见面后一同回国。"

1946年春天，何泽慧辞掉了德国的工作，离开学习工作了9年的德国，奔向了她的爱情。

4月8日，何泽慧与钱三强在巴黎的中国驻法国大使馆注册结婚，并在当晚举办

何泽慧与钱三强

婚礼。极少参加社交活动的约里奥－居里夫妇出席婚礼，并送上了美好祝福。

自己动手解决问题，没什么能难倒我

1950 年，新中国的原子能事业几乎一片空白，回国后的何泽慧与钱三强一起承担起筹建中科院近代物理研究所的重任。钱三强任副所长，何泽慧是研究专员。当时资金短缺，为了置办实验仪器，二人常常大街小巷跑旧货摊淘元件，自己动手制作仪器。

何泽慧曾说："那时候什么仪器也没有，连一个钳子都要现买。我觉得倒挺有趣的，自己动手来解决问题，觉得好像也没什么能难倒我的。""我们早知道国内的情形，回来并不是来享受的，而是来吃苦的。"

1959 年，苏联单方面撕毁协议，撤走了所有专家。面对这种局面，我国决定自力更生研制原子弹。研制的研究人员由钱三强推荐。由于种种原因，何泽慧没能进入核武器研究的第一线。

但这并未影响她为原子能事业贡献力量的热忱。她深入开展基础研究，训练人才队伍，成功研制了我国第一颗原子弹的点火中子源，之后，又重测了对于选择氢弹技术路线具有重要意义的关键数据。

彭桓武曾回忆："在氢弹的研制过程中，资料里有一个数据，我们觉得不大可靠，就让重测这个数据。平常的物理实验做一个要两三年，而我们搞氢弹剩下的时间只有一两年了，所以这个实验要求几个月做出来。何泽慧带领团队白天晚上做，几个月做出来了，证明原来的数据不对。这让核武器研究没有走弯路，没有走错误方向，这是很重要的一件事情。"

那是浪费时间，我才不去呢

钱三强的秘书葛全能曾评价何泽慧是一位忌俗的科学家。他在接触何泽慧的 30 余年里，从未见过何先生参加任何应酬。凡遇到这类邀约，她便说："那是浪费时间，我才不去呢。"

而何泽慧的自我评价是，"经常做不合时宜的事""讲不中听的话"。

何泽慧一直从中国的科研实际出发，主张少花钱、多办事，反对过分追求"人员经费越多越好，设备越大越好"。中国科学院院士张焕乔曾在何泽慧领导下开展工作，他回忆说："何先生总是鼓励我们年轻人要勇于进取和创新，不要迷信外国人，走自己的路，要在现实条件不足的情况下想办法做出高水平的工作。"

正是在她的培养下，一批年轻人很快成长起来，成为我国原子能事业的骨干，张焕乔、黄胜年、丁大钊等都成为了院士。

1946 年 11 月 23 日，显示铀四分裂的胶片上，有钱三强、何泽慧题字"献给我们的导师约里奥－居里夫妇"。

大家都根据她敲的钟声来对表

其二女儿钱民协和小儿子钱思进回忆，由于何泽慧与钱三强工作繁忙，孩子们只能由保姆照顾。那时，何泽慧的工作地点在北京房山，家住在中关村，每周回一次家。后来，他们被送到北京西郊的六一幼儿园寄宿，每两周回一次家。钱三强和何泽慧都出国的时候，就把他们托付到同事家。大女儿钱祖玄记得自己住过刘杰家一次，还住过赵忠尧家一次。

平时上班时，何泽慧每天通过电话关心孩子们的学习情况。钱民协记得："尤其是数学、几何，哪道题不会做，我就告诉她，把题念过去，过一会儿她再打电话来，告诉我怎么做。"

在子女们的记忆里，周末就是他们一家人团聚的快乐时光。钱祖玄说："妈妈很会做菜。平时我们在学校吃饭，他们在单位食堂吃饭。礼拜天，爸爸和妈妈常常坐公交车一起去买菜。回家后，妈妈会做苏州的各种鱼，也很会做蛋饺。爸爸做浙江菜，像'腌笃鲜'，就是把腌肉、鲜肉放在一起，再加上竹笋一起炖，可好吃了。"

而让子女们印象最为深刻，并潜移默化地影响他们一生的，则是何泽慧性格中两个特点，一是做事认真仔细，二是一生勤俭。

钱思进说："妈妈无论做什么事都非常认真，而且认准的事情就一做到底。""'文革'时期，父母被下放到农村劳动，因为妈妈身体不好，被分配去敲钟。即使是敲钟，她也像在实验室测算数据一样，一丝不苟，分秒不差，当时大家都根据她的钟声来对表。"

"我妈这一辈子不讲吃、不讲穿、不讲住，从来不计较什么条件。"钱民协说，"她一直爱讲'修旧利废'，从来不随便丢弃可用的物品。家里的冰箱用了二三十年，出了问题就自己修。藤椅、木椅上都能见到妈妈自己修理的痕迹。"

"她的手非常巧。一次，我吃完糖葫芦，刚要把棍儿扔掉，妈妈连忙说，别扔。她拿过棍儿洗干净，用刀加工后，在火上烤烤，在棍儿的头上挖出个小勺，很快，两把精巧的掏耳勺就做成了。她还会用旧牙刷柄自刻印章，用剩余的皮料自制钱包，爸爸一直都是用妈妈做的钱包。"

一边挡驾，一边照顾

繁忙的工作，让何泽慧和钱三强多年来聚少离多。直到 1984 年，何泽慧卸任高能物理所副所长职务，和同时卸任的钱三强终于有了充足的时间含饴弄孙。1992年，钱三强因心力衰竭住院治疗。在他住院的日子里，何泽慧就拿着板凳坐在病房外，一边挡驾，一边照顾。

钱三强去世以后，何泽慧一直住在中关村的老房子里。组织上多次提出给她调房，但都被她婉言谢绝。在钱三强去世的20多年里，何泽慧家里的布局依然和当年一样，无论是卧室还是书房，都尽可能地保持着钱三强生前的样子。写字台的抽屉里，还都保存着钱三强的东西，包括他用过的钱包、证件、电话号码本、代表证、文具、眼镜都一直留在那里。或许，在何泽慧心里，钱三强一直都没有离开。

九十高龄有童趣

"春光明媚日初起，背着书包上班去。尊询大娘年几许，九十高龄有童趣。"这是2004年何泽慧九十大寿时她的老同学、中国光学之父王大珩为她写的诗。

何泽慧一生痴迷科学，无论是在逆境还是晚年，都不曾放弃对于科学的追寻。

"文革"时期，何泽慧被下放到干校劳动。她曾记录下她的所见所感："我们所处的'高庄'，无高楼大厦，无树无木，晚上满天星星……这不就是一个大实验室嘛！"于是，何泽慧和钱三强自制观测设备看彗星。

粒子天体物理中心研究员宋黎明回忆："这个观星设备，由一个自己做的三脚架和一个初中老师上课用的量角器组成，他们还画了草图。何先生向我介绍了如何确定观测维度、观测时间，如何确定彗星的方向，如何进行数据处理，最后是他们的数据跟天文学年历的比较。"

晚年的何泽慧坚持去高能物理研究所上班，直到 92 岁，一日不落。中关村有一个班车，她就每天乘坐班车去工作。所里准备给她配一辆车，但她不接受特殊待遇，要求和年轻人乘一样的交通工具。她 82 岁那年，去云南出席宇宙线会议，在从昆明转往大理时，她坚持和大家一起坐夜间长途卧铺汽车。

2011 年 6 月 20 日，何泽慧安详离世，享年 97 岁。

欧洲核子中心的《快报》期刊在 2011 年度最后一期刊登了长篇纪念文章，称很多女物理学家怀有抱负，只是没有人再像居里夫人那样获得世界声誉，从而较少为人所知，何泽慧就是其中之一。她热爱她的祖国和科学，并成为两者的象征。

这是国际同行对何泽慧一生贡献和品质的总结。

（本文部分素材取自中科院刘晓写的《卷舒开合任天真》一书）

（《中国核工业报》记者　胡春玫)

曹本熹

耿耿丹心照日月

曹本熹

（1915 年 2 月—1983 年 12 月）

有效推动我国核燃料化工生产的工程建设、顺利投产和技术改造。

男，上海人，化学工程学家，1946 年毕业于英国伦敦帝国理工学院，1980 年当选为中国科学院学部委员。历任清华大学副教授、教授，北京石油学院教务长、副院长，二机部二局副局长兼总工程师等职。1985 年获国家科技进步奖特等奖。

他从 20 世纪 60 年代起从事核燃料生产的科研、设计和工程建设、技术改造等的组织和领导工作。他领导了用萃取法分离 XXX 的核燃料处理及放射性废物处理等重大试验和工程建设与运行工作；参与解决由四氟化铀转化为六氟化铀、由六氟化铀贫料加氢还原成四氟化铀等生产技术问题；领导了对苏联原有湿法生产四氟化铀工艺的改革试验；解决了将流化床技术用于由二氧化铀制四氟化铀的技术问题。

作为曹本熹的儿子，曹珏虽然许多时间与父亲生活在一起，但对于父亲工作上的成就仅停留在"化工专家""总工程师"这样的模糊认知里。2010年，他退休后与人共同编写回忆父亲生前事迹的《耿耿丹心照日月——曹本熹纪念文集》，在与父亲生前的同事、好友、学生的交流中，才慢慢了解父亲为我国核工业、化工事业和石油高等教育事业作出了怎样的杰出贡献。而也是在这个过程中，他才更加深入地感知到父亲的精神品格。

一生"四次创业"

1946年，曹本熹从英国伦敦帝国理工学院取得博士学位回国，应聘回到母校清华大学，受命筹办化学工程系。经过三年奋斗，新中国成立时，成立时间最短的清华大学化工系已经是全国最大、实验条件最好的化学工程系，在全国高等院校中也是具有相当规模的系科。

1952年9月，清华大学石油工程系创立，曹本熹又带着大家从头开始石油工程系的创业。

1953年，在清华大学石油工程系的基础上成立了北京石油学院。曹本熹担任北京石油学院筹备委员会委员，负责教学筹划。曹本熹成为北京石油学院的奠基人之一。

1963年，在我国核燃料工业技术攻关的关键时刻，曹本熹再次服从组织安排，调入核工业系统，任二机部二局（核燃料局）副局长兼化工总工程师，此后，一直到1983年病逝，他都在核工业系统工作。20年间，他参与组织领导核化工领域一系列重大科技攻关，满足了核武器研制和核材料生产的需要，为核工业发展作出了卓越的贡献。

曹本熹（前排中）和北京石油学院科研处成员合影

曾住清华园

曹本熹与妻子魏娱之共育有两个子女。在曹本熹留学英国之前，魏娱之生下了他们的大女儿曹瑛。1947年，曹本熹与妻子有了第二个孩子——儿子曹珏。那时，他们一家四口就住在清华大学分的平房里，与另一户人家共用一个院子。

五六岁前，曹珏一直住在清华大学。他现在还依稀记得清华园的家，充满了生活的趣味。院里的空地上搭着葡萄架，种着蟠桃树、蜜桃树等果树。一到果实成熟的季节，他和姐姐争相摘来吃。姐弟俩过生日的时候，妈妈会花功夫蒸一个大蛋糕，全家人聚在一起品尝，其乐融融。

一到周末，曹本熹还会抽出时间带着妻子和女儿，叫上他的学生，相伴去爬香山、游颐和园，师生关系非常融洽，像朋友一样。可

曹本熹一家

惜那时曹珏太小，走不了多少路，更爬不了山，只能留在家里让保姆照顾。

用相机为家人留下了珍贵照片

在曹珏的记忆里，家里很早就有相机，这在那个年代是非常少见的。家里的相机更新换代了好几个，都是喜爱摄影的父亲买回来的。早些年他印象最深的相机有两个，一个是德国产的镜头能折叠的135相机，这个性能在当时非常先进；另一个是父亲去苏联考察时买回来的苏联相机。不仅如此，父亲还从苏联带回了一个精致的放大机。后来这个相机和放大机都捐给了浙江丽水的一个摄影博物馆作为展品展出。

曹本熹用这些相机为自己和家人留下了许多珍贵的照片，记录了儿女一路成长的足迹，也记下了夫妻相携一生的生活场景。他们一家人多年生活的影像，装了厚厚的好几本大相册。细细翻看，有他们在家中的生活照，有游园时的留影，有朋友、学生来家中交流的画面，有曹本熹夫妻晚年含饴弄孙的场景。此外，还有风景照、建筑照等。一幅幅照片，诉说着岁月静好。

受父亲影响，曹珏从少年时期就开始迷上摄影，这个爱好持续多年，退休之后，更是成了他的乐趣。

"忍痛"让票　听儿子描述"战况""解馋"

不只是摄影，曹本熹兴趣爱好非常广泛，尤其喜欢运动。

曹本熹在清华大学上学的时候，就是年级篮球队的主力。在北京石油学院任教务长和副院长期间，他提倡学生要热爱体育以强健体魄，还带头参加校运动会。虽然那时他已人至中年，依然充满热情地

清华化学系篮球队，右三为曹本熹

参加比赛，风采不减当年，夺得了好几枚奖章。现在这些奖章在中国石油大学保存。在核工业系统工作期间，他是一名乒乓球爱好者，经常下班后先打一个多小时乒乓球，然后才回家。

等儿子大些了，曹本熹还喜欢和儿子一起去看体育比赛。这也是曹珏印象中与忙碌的父亲为数不多的单独相处时刻，也是他最开心的时刻。曹珏记得，无论是篮球、足球还是排球，只要一听说北京有比赛，曹本熹都会想方设法买到票。不过有些比赛的票很难买，有时只能抢到一张，曹本熹只好"忍痛"把票送给儿子，自己在家等儿子回来跟他描述"战况""解解馋"。

文艺方面，曹本熹酷爱听古典音乐，最早是用留声机，那时家里买了许多黑胶唱片和塑料唱片。受父亲的影响，母亲和姐姐也渐渐地爱上了听古典音乐。偶尔，父亲会招呼全家人一起坐到沙发上，放上一段音乐，静静地欣赏。在曹珏印象中，20 世纪 60 年代，家里最常响起的曲子是小提琴协奏曲《梁祝》。

一生最大的幸运是做曹先生的学生

作为高等院校的系主任、副院长，在担任行政职务的同时，曹本熹依然坚持不懈地为本科生和研究生讲课，还经常亲自出考题。这些考题他自己要试做两遍到三遍以确保准确无误才出卷。而他教过的学生，多年之后还非常感念恩师的耐心栽培。

曹本熹在北京石油学院带的研究生郑远扬，曾在恩师诞辰 95 周年前夕，给曹珏写了一封信。信中，他诚挚地写下了这句话："我这一生最大的幸运是做曹先生的学生。"

郑远扬攻读化工研究生时有一门化工数学课，曹本熹要求学生们采用自学与讨论的方法完成。对于大学只学过微积分的郑远扬来说，这门课的数学内容有些艰深，自学起来很是吃力。曹本熹知道后，每周单独给他补一次课，地点就选在自己家里。

郑远扬还记得老师家的书房里，向北的窗下放了一张老师和师母共用的旧双人书桌，占了书房的大半面积。屋里还有一对中置茶几的小沙发。每周一下午，在这个书房里，曹老师耳提面命"一对一"教他，先问他一周的学习情况、疑难问题，给予答疑后，再检查笔记、提问，然后布置下周的学习任务和习题，往往一个下午很快就过去了。而当时同为北京石油学院老师的师母为了给他们腾地儿，只能到图书馆或者实验室去备课。

为纪念老师，郑远扬在2009年11月给曹珏写信，建议尽早向曹本熹生前的亲友、同事、学生们约稿，汇集成册出版，这是《耿耿丹心照日月——曹本熹纪念文集》于2010年出版发行的原因。今天，撰写回忆文章的不少作者和被采访者已故去，曹珏感慨，纪念文集出版，总算没有留下太多遗憾，但是，要早几年做就更好了。

自掏腰包，给司机买饭

1957年，在反右运动中，许多知识分子和民主党派人士被定为右派分子。而曹本熹作为负责人的北京石油学院中国民主同盟支部，盟员却无一被划为右派，这与曹本熹的有意保护是分不开的。

北京石油学院的司机每次送曹本熹去校外开会，如中午不能回校，曹本熹要么先在开会所在单位的食堂买一份饭送到司机师傅手中，他再去吃饭；要么自掏腰包，让司机师傅在外边买饭吃。

搞学问，还是曹本熹高明

1962 年，时任二机部二局局长的白文治同时收到了两份担任该局总工程师的推荐人选档案，一份来自二机部副部长钱三强，一份来自石油部。双方推荐的人选都是西南联大化学系毕业生，当时也都是负有盛名的化工专家。白文治看了档案以后，一时难以抉择。

后来，他去请教曾任清华大学党委书记的何东昌。何东昌向他详细介绍了这两个人，说了最关键的一句话："搞学问，还是曹本熹高明。"1963 年，时年 48 岁的曹本熹来到二机部二局。

富有创新精神的核化工专家

"曹总的化工功底很扎实，英语也好，所以他有的时候能够敏锐地发现国外的新技术和新工艺。"

"他勇于力排众议，采用新的技术路线，敢于拍板，给出的论证理由也让人心服口服。"

……

应曹珏的邀请，曾与曹本熹共事多年的蒋云清、王世盛，一起接受了中国石油大学的采访，他们回忆曹本熹在核化工领域的贡献，不约而同地认为他是一个高瞻远瞩且富有创新精神的核化工专家。

不说不代表不痛

随着曹本熹调到二机部，1963 年春，他们一家四口也从北京石油学院家属院搬到了三里河三区 63 门 5 号。妻子魏娱之仍在石油学院任教，每周回来一两次，女儿曹瑛在清华大学化工系读大二，儿子曹珏在一〇一中学寄宿读初三，全家生活安宁稳定。

不料，1963年冬，曹瑛被查出得了白血病，组织上以"回京汇报工作"的名义，让当时在四〇四厂执行生产任务的曹本熹回京看望女儿。此时正值核燃料生产的关键时刻，曹本熹心里惦记着工厂的生产，只待了一个月，安排好女儿的住院和治疗后就返回了四〇四厂。跟随他一起在四〇四厂蹲点的王世盛，此间竟一点异常都没看出来，"没发现曹总有任何情绪上的波动，他和平常一样，全身心地投入到蹲点指导工作上"。直到1965年9月曹瑛去世，王世盛才知道此前一年多的时间里，曹本熹竟经受了这么大的痛苦煎熬。

对于曹瑛的去世，曹本熹没有任何情绪上的表露，甚至还同意了捐献女儿的遗体给协和医院做医学研究。50多年后的今天，曹珏提起姐姐依然止不住眼泪，可以想象爱女儿的曹本熹当年经历了怎样重石压胸般的疼痛，不说不代表不痛。

最后的日子仍尽力完成挂念的工作

1980年以后，曹本熹的身体日渐虚弱起来，但直到1982年秋天，发现便血，他才去医院检查，医生确诊为直肠癌，动了手术。为了不影响工作，做完手术后不到半年，曹本熹便不顾医生的反对，带着肛门套回去上班了。他照常翻阅文献搞研究、参加论证会讨论技术路线，为了接待外国专家自学德语，忙得像个陀螺，仿佛一点儿都没把病情放在心上。

但是到了1983年底，曹本熹的病情急剧恶化，在昏迷中离开了人世，没能再看家人一眼。

曹珏说，生病后的父亲从来没对家人和来探望的人，提过一句身后事的话，最后的日子也没有留下对家人的嘱托，只是尽力完成了他挂念的几项工作。

妻子的晚年

曹本熹的去世对于妻子魏娱之打击非常大，几十年风雨相随的亲密伴侣骤然离世，她伤心到了极点。为了缓解情绪，音乐成了她生活的重要内容。儿子为她买了一台夏普777录音机，她为此特意订购了中央和北京的两份广播电视报，按报上刊登的音乐节目播出时间，定时用录音机把喜欢的乐曲录下来。那时，她录制的国外著名的交响乐、小提琴曲、钢琴曲的磁带有近百盘。

这对相识于清华大学求学时期的夫妻，是化学系同班同学，有共同语言，平日里互动非常多。曹珏还记得，父母都在家时经常一起在书房看书、讨论化学问题，母亲有时候看不懂一些外国文献里的句子，父亲会耐心解释给她听。

后来，魏娱之振作起来，开始积极参与关爱老年人晚年生活的公益活动，帮助有需要的老人。她还把与丈夫仅有的2万元积蓄，一半捐给了中国老龄委员会，一半捐给了月坛街道民政科用于老年人和残疾人的福利事业。曹珏说，母亲这样做既是为了曹本熹的心愿，也是自己对丈夫生前受病魔折磨的一点儿安慰。

他们以自己的方式纪念曹本熹

至今，王世盛和蒋云清都在以自己的方式纪念着他们心中敬重的老领导——曹本熹。

王世盛难忘这样一件事。"文化大革命"时期，曹本熹住着的一套单元房，被强行要求交出一部分与人合住。一套房子住了三户人家，由此带来了许多不便，特别是在曹本熹做完直肠癌手术后，合用厕所十分不便。直到他病逝，合住问题也未能解决。但他生前从未说过一句抱怨的话。他的严于律己，生活上的克己奉公，令人感动。

在蒋云清的书柜里，一直放着一本 1974 年版的《英汉化工词汇》，这是他留存的恩师曹本熹的一件遗物。尽管此书已十分陈旧，但他仍不时地翻阅。每每看到此书原本未收录却由曹本熹用圆珠笔工整填补的新单词和译法，他都感到十分亲切。

大家怀念曹本熹，正如二机部原部长刘杰在为《耿耿丹心照日月——曹本熹纪念文集》作序中所写的："他的事迹十分感人，他的一生令人敬重，受人爱戴，是众多先进模范人物和科技工作者的杰出代表。我怀念他并对他怀有深深的敬意。"2020 年 1 月 15 日，在纪念核工业创建 65 周年座谈会上，曹本熹被评为中国核工业功勋。

(《中国核工业报》记者　申文聪)

陈芳允

"863" 计划倡导者

陈芳允

（1916 年 4 月—2000 年 4 月）

研制出第一颗原子弹爆炸测试用的多道脉冲分析器。

男，浙江台州人，无线电电子学家，1938 年毕业于清华大学，1980 年当选为中国科学院学部委员。历任中国科学院物理研究所研究室主任、国防科工委科技委常任委员等职。1985 年获国家科技进步奖特等奖，1999 年获"两弹一星"功勋奖章。

在第一颗原子弹研制期间，他参加论证并提出了原子弹实验用的多道脉冲鉴别器的试制方案，与他人合作研制出了原子弹保障测试用的多道脉冲分析器，交原子弹试验场使用。

"人生路必曲，仍须立我志。竭诚为国兴，努力不为私。"是陈芳允写的一首小诗，也是他人格和精神的真实写照。

"我父亲在家从来不提工作上的事，一来是出于保密的缘故，二来父亲在家里也忙于计算数据、看书看资料，没有时间聊天。"

陈芳允的儿子陈晓东，从小对家里生活氛围的感受就一个字——静。在陈晓东的印象里，家里每天都是极安静的，只能听见父亲、母亲看书阅读的翻书声，以及不停做笔记的沙沙声。平时家里人说话，声音也很小，有时明明有人在家，却安静得几乎鸦雀无声。

一生埋头研究的陈芳允，成就极其丰富。他先后参与制定了中国第一颗人造卫星——"东方红一号"测控方案，解决了"远望号"航天远洋测量船多设备电磁兼容问题，提出了发射同步定点通信卫星计划；他在花甲之年从军入党，联名其他三位科学家建议发展中国的高技术，这就是后来的"863"计划……这位可"上天入海"的院士对待工作一直保持着一份本真和热爱。

外国人能做的，我们要比他们做得更好

"我们家只有我和弟弟两个孩子，父亲对我们的教育是身教多于言传，他的点滴对我们影响深远。"在陈晓东的记忆里，父亲在家里话语很少，也从不过问兄弟俩的学习和工作。但父亲要他们牢记三点要求，一是要爱国，二是要努力工作，三是要淡泊名利。

"父亲说，必须要爱自己的国家，相信我们一点儿也不比外国人差。外国人能做到的我们一定也能做到，而且还要比他们做得更好。"

陈芳允1983年首次提出双星定位概念和设想，并于1989年演示成功。《航天六十年画册》中这样记载："陈芳允首创'双星定位通信系统'这个大胆的设想，比美国人乔汉森1998年发表的同一设想，

陈芳允（右）在国际会议上与神舟飞船总设计师戚发轫院士（左）交谈

整整早了 15 年！"

"所以在上世纪 80 年代和 90 年代出国潮中，我父亲并不十分主张都去外国进修，他认为中国人自己也可以干得很好。"陈晓东说。

抗战期间，陈芳允在成都无线电厂研制发明出我国用于飞机上的第一架无线电导航仪，这无形中为后来的卫星"双星定位"导航系统打下了基础。

让脚趾"负伤"

陈芳允出生于浙江省黄岩县，自幼跟随外祖父生活，5 岁开蒙学《论语》，初中作《送秋》一文言志：人生不能虚度。初中毕业后陈芳允到上海浦东中学读高中，后考取清华大学，七七事变后随学校迁往长沙，后辗转广州、香港、越南到昆明，入西南联合大学（北大、清华、南开三校联合）物理系学习。

在西南联大任助教期间，陈芳允结识了一生的革命伴侣——同为助教的沈淑敏。几年后二人辗转到重庆生活，大儿子陈晓东在此出生。就在那时，陈芳允得到了公派赴英国留学的机会。

"当时英国的雷达技术世界一流，父亲在英国留学期间参与了英国第一套海洋雷达的研制，是其中唯一的中国人。"陈晓东说，"父亲埋头苦干一年多，致力于显示器的改进。研制成功后，周围的英国人都对这个中国人刮目相看"。国民党政府希望陈芳允尽快回国，为其效力。"1948年5月，我父亲从英国回到上海。因为不愿与国民党的航空委员会一同迁至台湾，父亲带着我们一家人跑回湖州，请我从医的外祖父为他拔去一个脚指甲，受伤后回到上海住进了医院，未去报到。"陈晓东回想起此事对父亲充满了敬佩。

再也不穿带拉链的衣服

"我印象中父亲从来不穿带拉链的衣服，因为他有一次被拉链卡住了，弄了好久才修好，浪费了好多时间，自此以后父亲就再也没有穿过带拉链的衣服了。因为他觉得时间宝贵，要把每分每秒都用在有意义的事上。"

那时候他们住在中科院的家属楼，"家属楼分为特楼、甲楼、乙楼、丙楼等，里面住着中国顶级的科学家们，特15楼作为'楼王'更是住着杨承宗、钱学森、郭永怀等先生们。我们住在甲10楼，当时有人告知父亲，特15楼腾出来一套房，我们可以搬过去住。但母亲一口回绝了，理由是搬家太浪费时间，科研任务紧，有这个时间不如用在科学研究上。"

除了日常工作外，节假日陈芳允夫妇也不会全休，总有一天会去加班，而这一天对他们来说真是太好了：安静，没有人打扰。

陈晓东的妻子回忆："我公公婆婆每次加班回来都很高兴，因为解决了他们想要解决的一些难题而感到特别轻松。所以直到现在，我们家节假日观念也很淡薄，春节也是如此。那时候的春节，我公公除了会去看望老师外，其他时间都是和婆婆去图书馆看书学习。"

81 岁仍为自己补衣

了解陈芳允的人都知道，他把名利看得很淡，从不注重穿着打扮，而且有两个绝活，一个是给自己理发，一个是给自己缝补衣服。"父亲不去理发店，说太浪费时间，不是理发师傅等你，就是你等理发师傅，有时一等就是半个小时，结果还未必满意。所以不知道从什么时候起，父亲学会了自己给自己理发。"

另外一个技能的掌握，源于陈芳允的祖父是一位有名的裁缝，所以他从小便与针线打上了交道，缝缝补补不在话下。哪怕是在 81 岁高龄，一旦衣服烂了需要缝补，只凭一种感觉，他仍能将手中细细的线轻松地穿进那个小小的针眼。

陈晓东说："父亲在上海出差时，一身便服进出延安饭店。那时延安饭店来往的都是穿军装的军人，门卫看他的样子以为是工人师傅，不让他进。他对此也不生气，只是默默掏出证件，门卫才放他进去。"

陈芳允对工作是高标准，对生活是低标准。他病逝后，在他家里，看不到一件像样的家具，连褪了色的布窗帘也舍不得换。

夫妻俩都为原子弹爆炸做着研究工作

20 世纪 50 年代中后期，为了国家安全的需要，中国决定举全国之力研制原子弹。原子弹的研制是一个庞大而系统的工程，中国科学院承担了原子弹爆炸测试用的多道脉冲分析器，此项任务交到了陈芳允所在的电子学所四室，陈芳允带领全室的科研人员一起制定了研制方案。

1963 年，陈芳允和徐建平等科研人员研制出核爆测试用的多道脉冲检测仪。

同一时期，正值生物物理所创建初期。陈芳允的妻子沈淑敏也为我国首次核试验积极开展研究工作。她带领年轻的科技人员开始了在当时还是崭新领域的放射生物学研究，积极参与和组织了关于核辐射对动物的急性和慢性损伤的试验研究，为我国早期的放射生物学和核医学积累了宝贵的资料。

1964 年 10 月 16 日，中国的第一颗原子弹试爆成功，别人祝贺陈芳允时，他说："我只不过为中国的原子弹做了一件小小的工作。"

提出 "863" 计划

1986 年 3 月，一份"关于跟踪世界战略性高技术发展的建议"呈送到中南海。信的内容是针对世界高科技的迅速发展和世界主要国家制定了高科技发展计划的紧迫现实，向中央提出全面追踪世界高科技的发展、制定中国发展高科技计划的建议和设想。

陈晓东说："当时，我父亲首先提出要发展我国高技术，而后与王大珩、王淦昌、杨嘉墀等先生合议共同给中共中央写信，提出要跟踪世界先进水平，发展我国高技术的建议。"这封信得到了邓小平的高度重视，他亲自批示：此事宜速决断，不可拖延。经过广泛、全面和极为严格的科学和技术论证后，中共中央、国务院批准了《高技术研究发展计划纲要》，这就是"863"计划。

家里不知道用坏了多少个计算器

陈芳允有一个好习惯，就是什么事儿都拿个小本子记下来，所以他去世后，家里留下了好多小本子，里面记录了很多运算公式和图解等内容。"当年召开陈芳允百年诞辰座谈会的时候，有一位先生还说，如果把这些仔细整理一下，还是很有用的。"

陈芳允生前用过的笔记本

在陈晓东的记忆里，父亲不知道用坏了多少个计算器，记了多少个笔记本，哪怕是"文革"时期也从未间断过。"我家屋子原本也算大，但'文革'时期最紧张的时候，搬进来三户人家同我们一起住，我们家只剩下一间半，我父母住一间，我和弟弟住上下铺，还有我80多岁的外公，因为已经没地方放床了，就拿两个凳子上面放一个铺板架

陈芳允生前用过的计算器

98

起来睡。"

即使在这样的生活环境下，陈芳允一家依然坚持学习，到了晚上大家都在看书。"其他几户人家的年轻人受到我家读书氛围的熏陶，养成了勤学习、勤动手的好习惯，都表示同先生们住得越久，就越敬重，后来一位从技术人员被提为高工，一位从助工被提为副教授。"

一罐寄到江西的花生米，是父亲一粒一粒剥的

如果说陈芳允对于家庭有什么愧疚的话，那应该是自己的身份对于孩子学业的影响。"文革"期间，陈芳允被戴上了"特嫌"的帽子，刚刚大学毕业的陈晓东一开始本被分配到中国科学院半导体所，后来所领导对他说，他的父亲受审查，暂时不能分配工作。

"我回家跟父亲说了此事，父亲听后无奈地说，把他和'特嫌'归为一类他很难过，但也无能为力。"在那种大环境下，陈晓东被分配到江西一个小工厂里一直待了八年。"记得父亲在我临去江西报到

陈芳允（右）和他的学生陈杰（中）、儿子陈晓东（左）的合影

时送我到火车站。我在江西时有一次收到母亲寄来的包裹，里面有一罐花生米。母亲跟我说，那是父亲一粒一粒剥的。"

即便是在那样的情况下，陈芳允还是嘱咐陈晓东要抱有希望，不要放弃学习，这也是陈晓东后期调回北京后，业务很快就能赶上去的原因。

我父母一生清贫，赚的钱都捐给了有需要的人

陈芳允先生：您好，非常感谢您为胡滨基金捐款，我们也从中深感老一辈科学家对下一代和对胡滨的关心与爱护。

——林虹 一九九八年七月六日

这是陈晓东在整理父亲遗物时偶然翻到的一张捐款感谢信。"根据信件可以了解到，当时总共筹到 5 万元，我父亲的钱占五分之一。那时的一万元不算少。他们的工资自 20 世纪 50 年代定下后好像一直没动过，可以说是一笔不小的数目。"

在陈晓东的记忆里，父母像这样的捐款数不胜数。"我父母一生清贫，赚的钱都在他们在世的时候捐给有需要的人了，我们后辈的生活都是靠自己打拼的。""父亲对老家感情很深，出来多年也不忘照顾老家的亲友，帮助有困难的大学生完成学业。因此，直到父母过世家里也没有一件像样的家具。"

"没有奶奶就没有爷爷的今天"

"我母亲是一位非常杰出的女性，于家亲力亲为，包揽了所有琐

事，从不让父亲操心；于工作尽心尽责，她一直从事生物物理方面的研究，协助筹建了中科院生物物理所和中国科技大学生物物理系，还是中国生物物理学会的主要创建人之一。"提到母亲，陈晓东很是自豪，"我父亲一直对我母亲非常尊重，晚年时还对我女儿说过，没有奶奶就没有爷爷的今天。"

沈淑敏的很多品质都在深深影响着儿子和儿媳。"她在上世纪60年代曾因乳腺癌动过大手术并经受了化疗的痛苦，也一直经受着手术后遗症的折磨。但你从她的神态上，看不出她曾经受过这样的痛苦。而且，在实验室一线工作期间，她也硕果累累，几次获得中科院重大科研成果奖。"

在儿孙辈的记忆里，沈淑敏的原生家庭很不简单，一门三女一男，全是教授。由于陈晓东的外公解放前是福音医院院长，受其影响，4个子女不是学医就是学生物。沈淑敏和她在国内的哥哥、一个妹妹去世后，全都捐献了遗体。这样的善举，世不多见。

沈淑敏去世时，因要捐献遗体，所以告别仪式在北医三院举行，长长的吊唁队伍在马路边绕了几圈。其中有一位瘦小的白发老人，悄无声地前来，悄无声地离去。"她就是何泽慧院士，是一位很低调的科研前辈，一般不露面的。但是她跟母亲在几十年工作当中结下了深厚友谊"，陈晓东说。

为小卫星奔走呼吁十年

1976年，已研究了10年卫星测控系统的陈芳允郑重向组织上提出参军请求，穿上军装后又申请入党，并于1977年如愿成为一名光荣的共产党员，实现了人生的最大夙愿。

"在当时的社会环境下，我父亲承受过一些痛苦，但他爱国的初衷从未改变，是信仰在支撑着他。"陈晓东说，"他热爱国家，总是希望国家强大，人民生活幸福。我父母一辈子严格要求自己，虽然都是花甲之年入党，但同事们都说他们早就做得比普通党员还优秀。"

陈芳允晚年的时候一直忙于小卫星（即北斗卫星）的研究，每天提着一个布袋子，到处跟人讲解。"我父亲为小卫星奔走呼吁了十年，直到病危住院，在病房里还依然坚持做研究。只是很遗憾，父亲没能看到卫星发射成功，父亲对卫星系统的探索还有很多想法未能实现。"陈晓东伤感道。

2000 年 4 月 29 日，陈芳允与世长辞，享年 84 岁。

如今，仰望苍穹，有一颗"陈芳允星"与北斗卫星交相辉映，仿佛在用另一种方式守望夜空。

（《中国核工业报》记者　邢泓琳）

周　秩

为四〇四奔走半生的"老兵"

周　秩

（1916 年 5 月—2011 年 12 月）

我国核工业四〇四厂主要创建者。

男，广东南海人。历任二机部十四局副局长，国营四〇四厂党委书记、厂长，二机部副部长、党组成员等职。1955 年被授予上校军衔，获二级独立自由勋章、二级解放勋章。

他是中国核工业四〇四厂主要创建者。曾负责四〇四厂的选址、勘探、临建、三通等工作，长期担任四〇四厂厂长、党委书记等领导职务。1958 年冬，他与大批施工队伍一起坚守戈壁滩。六七十年代，他带领四〇四人响应党中央指示，坚决走自力更生的道路，加紧科研攻关，加强企业管理，为我国"两弹"的研制成功作出了巨大贡献。

核工业四〇四厂主要创建者周秩，是核工业功勋奖章获得者之一。周秩除了是一位经历过战争洗礼的老兵，也是一个大家庭的一家之长、一位严厉且慈祥的父亲、一位和蔼可亲的爷爷……他从战场中走来，是为核事业奔走半生的"老兵"，透过周秩的家人，可了解一些他生前工作和生活中的故事。

一支充满回忆的卡宾枪

2006 年，90 岁高龄的周秩回四〇四厂参观时，又见到了那支见证他参加抗美援朝的卡宾枪，仿佛见到了阔别多年的战友。"这支卡宾枪啊，是我们部队在朝鲜战场上，从（以美国为首的）霸权主义者手里夺过来的！"周秩高兴地将枪斜放在胸前，英姿飒爽，仿佛回到了当年的朝鲜前线。

1951 年 2 月，中央下达了部队赴朝鲜作战的命令。当时，周秩所在的四十七军还在湘西剿匪，接到命令后，大部队于当年四月开赴朝鲜。

四十七军奉命开赴战斗第一线后，三年中两次在临津江前线作战，后来又执行西海岸防御作战任务。在战斗中，周秩作为四十七军

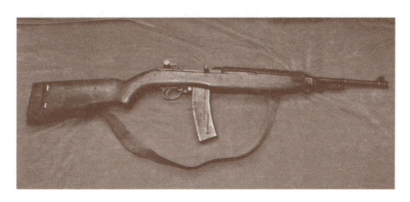

周秩在朝鲜战场上使用的缴获的美国卡宾枪

141 师的领导经常深入一线阵地。

有一次，周秩在前线刚好赶上敌人反扑发起了冲锋，警卫员催周秩赶快离开，但他坚持不下火线。战友们随即递给周秩一支缴获的美国卡宾枪，他就用这支枪继续参加战斗。

周秩离开部队时，部队将这支枪送给他留作纪念。周秩一直将这支卡宾枪珍藏在身边，并带到了四〇四厂。1974 年，上级号召个人把保存的枪支上缴组织，周秩把枪交给了厂公安部门。

曾被医生预言只能活到 50 岁

中国和朝鲜人民家喻户晓的罗盛教烈士生前是周秩所在师侦察连文书。罗盛教烈士牺牲后，获朝鲜一级国旗勋章和一级战士荣誉勋章。当时，周秩作为师政治部主任，替罗盛教烈士领了勋章。

1953 年 7 月，周秩被调到志愿军政治部秘书处工作，在这期间

周秩（右）代替罗盛教烈士接受勋章

1953 年，周秩（被举起来的人）率志愿军英雄代表团参加朝鲜全国英雄代表大会

他率领中国人民志愿军英雄代表团在朝鲜参加朝鲜民主主义人民共和国英雄代表大会，并和朝鲜人民领袖金日成合影。

抗美援朝期间，四十七军累计作战 420 次，歼敌 43000 多人，涌现了天德山英雄连，荣立特等功的五连英雄排、英雄班等，还有特等英雄营长郝忠云、国际共产主义战士罗盛教、17 岁英雄陈启瑞等无数英雄。

在朝期间，因长期在坑道中坚持战斗，损害了周秩的健康，他患上了严重的风湿性心脏病。医生曾预言周秩只能活到 50 岁。

咬紧牙关不撤离

1958 年冬，周秩与大批施工队伍一起坚守戈壁滩。此后的 20 多年时间里，他带领四○四人自力更生、科研攻关，企业管理也做得有声有色，为我国"两弹"的研制成功作出了巨大贡献。

在三年经济困难时期，地处戈壁滩的四〇四厂处境艰难，特别是1960年冬和1961年春情况最严重。针对困难情况，为保存好职工队伍，上级要求四〇四厂尽快疏散一万多人。

为此，周秩等多人到新疆伊宁铀矿实地调研。经多方调查了解，厂党委经过认真研究讨论，认为去新疆伊宁的办法行不通。更主要的是，四〇四厂工地人员一撤，许多建筑设施必然受到损坏，恢复起来很困难，除造成很大浪费外，势必延误建设时间。

当时，二机部副部长袁成隆在基层蹲点，周秩向他陈述了自己不撤离的意见。袁成隆同意了周秩的看法。厂党委通过认真研究讨论后决定，顶住压力、咬紧牙关不撤离，坚守阵地渡难关。同时，厂党委也如实向二机部进行了汇报。二机部同意了不撤离的意见，并积极协助解决生活困难问题。

1958年，周秩（左三）等人为四〇四选厂址

一是准备领功，一是准备坐牢

为解决粮食问题，周秩曾专门回京向二机部求援。据周秩的儿子周小山回忆，当时 10 岁的他在三里河二机部家属楼下玩耍，忽然一辆轿车从眼前飞驰而过，车窗里有一个熟悉的面孔，那个人正朝他挥手。周小山仔细一看，发现是父亲坐在车里。但轿车并没有停下，而是飞驰而去。周秩并没有让司机把车停下，他心里焦虑的是工地上数万职工、家属和驻军的吃饭问题，他还要为粮食问题继续奔走。

直至 1961 年下半年，全国经济形势逐渐好转，四〇四厂的工地供应也有了改善。特别是 1962 年下半年，各项工程又全面铺开。事后，周秩曾回忆说："（当时）我们领导班子捏着一把汗啊！将来一是准备领功，一是准备坐牢。"

1962 年，周秩（左一）在四〇四五华山农场

109

盖齐16个大印，大陆首个自主核电项目立项

1981年1月，时任二机部部长刘伟调周秩从四〇四厂回北京工作。同年2月，二机部确定由周秩负责重点抓核电站建设。为了帮助周秩推进工作，时任二机部副部长王介福还特意给当时的浙江省副省长翟翕武写了介绍信。

当时已经65岁，患高血压多年的周秩匆匆走出戈壁滩，又投身核电建设。如今的中国已成为世界公认的核电大国，但当年中国核电的起步却非常艰难。当时，30万千瓦核电站的设计虽已完成多年，二机部也曾派考察组到几个国家进行过考察，但20世纪80年代初，"728工程"仍面临很大阻力。

为此，周秩代表二机部到上海728院作报告强调："原子弹、氢弹都搞出来了，核电站怎么搞不出来呢？上面的事由我们去办，你们安心把工作做好。只有把工作搞好，'728工程'才能上去。"

为做好"上面的事"，周秩以60多岁的高龄，不辞辛苦一个一个部委去疏通。但是受1979年美国三里岛核事故影响，大家当时普遍对核电顾虑重重，有的部委领导干脆避而不见。但是周秩不放过任何一个机会，部委领导不露面，就找其他工作人员。他说："只要是拿着公章，就是办事员我也去找他！"不管是谁接待，周秩就拿出宣传核电的小册子和核电科普挂图，反复宣传核电是安全、清洁、经济的能源。甚至在家里，周秩还向全家人反复地、滔滔不绝地宣传，已经到了痴迷的程度。

功夫不负有心人。周秩踏破铁鞋，终于盖齐了16个大印，中国大陆的核电项目终于可以立项了。1981年10月31日，国家计委、国家建委、国防科工委、国家机械委、国家能委和二机部联名向国

务院报送了"关于请示批准建设 30 万千瓦核电站的报告"。1981 年 11 月 11 日，国务院批准了该报告。

钱能买来四个现代化吗?!

秦山核电选址浙江海盐的过程中也遭遇了波折。当时负责水产的领导顾虑核电站将对舟山渔场不利。为此，各部门于 1981 年 12 月在杭州召开了厂址方案复查会议，最终认为核电站对舟山渔场不会产生任何影响。会上，周秩想尽办法消除人们的顾虑。

1982 年 6 月，在浙江省政府大楼召开省委常委扩大会议，专题讨论秦山核电厂址定点联合报告草签问题。会上，周秩向与会者介绍了核电站的基本原理、重大意义及核安全问题。他的讲话简明、透彻、通俗，让外行也能听得明白。会后，翟翕武和周秩草签了给城乡建设环境保护部的联合报告。

除了厂址，国内当时还存在着核电是"自己建"还是"直接买"的争论。但周秩始终认为，中国有 20 多年核工业建设经验，有一定技术基础，有广大的科技人才，完全有力量自己建设核电站。周秩说："我们自己有能力建设 30 万千瓦的核电站，为什么不干？中国必须发展核电，一定要结束祖国大陆无核电的状况。"

据家人回忆，周秩有一天在与家人吃晚饭时，突然自言自语："买？钱能买来四个现代化吗?!"当时，家人都觉得莫名其妙，但后来了解了事情的背景，才明白了周秩的苦心。

在家里唯一一次发火

据周秩的子女回忆，他们童年时与父亲聚少离多，而且由于核工

1990 年，周秩于秦山核电一期工程现场留影

业高度涉密，即使父亲在家他们之间的交流也不多。但是，他们依然能感受到父亲对他们"心很重"。

周秩的父亲曾在海关工作，他尽其所能让孩子接受了当时最好的教育。也许是受家风影响，周秩也很重视孩子的教育。虽然有时甚至一年都见不上一面，但孩子们都记得父亲给他们买文具的情景。周秩的女儿周小蘋回忆说："父亲给我们买铅笔不是一根一根地买，而是一盒或一捆地买。当时上海生产的一种红蓝两色的原子笔，父亲给我们一买就是一盒。"

除了买文具，只要有时间，周秩就盯着孩子做功课。在家人的共同记忆里，周秩是个随和的人，他在家里唯一一次发火是因为孩子的学习。当时是 20 世纪 60 年代中期，周秩的儿子周小山回忆说："因为父母工作非常忙，我和我哥哥周小江又贪玩，学习成绩都一般。"有一天，周秩回京探亲，就在家监督周小江写外语作业。周秩背着手在屋里踱来踱去。结果，当周秩从屋子的另一头踱回来时，竟发现周

1961 年周秩一家全家照

小江已经趴在桌子上睡着了。当时，全家人就听见周秩对周小江发出一声怒吼，吓得儿子从梦中惊醒。这一吼，让全家人过了几十年都还记忆犹新。

除了哥哥的遭遇，周小山至今还清楚地记得上初中时被父亲关在屋里补课的事。周小山笑着回忆起那段往事："那是初一的暑假，我已经和同学约好去八宝山玩了。结果正赶上我父亲回京开会，他一看到我数学和外语没及格，直接就把我扣在家里补习，害得我没玩儿成。"

忌讳搞特殊，儿子当服务员

周秩的大女儿周小龙毕业于清华大学工程化学系。她现在还记得父亲给她买计算尺的那一幕。那时她刚上大一，难得回家一次的周秩将一把崭新的计算尺作为她考上清华大学的礼物。"这个东西在当时是个稀罕物，很多同学都从我这里借着用。"周小龙一边回忆，一边将珍藏了半个多世纪的计算尺拿了出来。这把已被岁月磨损得发黄的计算尺凝聚了一个父亲当年对女儿满满的关爱。

周秩的小女儿周小蘋6岁时上幼儿园，因为是日托班，所以只要周秩回北京，她"有幸"能常见到爸爸。父亲留给她最深的印象是："当时园里教小朋友跳新疆舞。我求爸爸给我买一顶小新疆帽儿，他立刻就给我买了一顶。我还记得上面装饰着小亮片儿，戴起来可漂亮了！"说到这里，周小蘋脸上依然洋溢着被父亲宠成小公主般的幸福。

周秩生前很忌讳家人利用自己的背景和关系搞特殊。周小蘋回忆说："我父亲生前在这方面，界限卡得很严。"周秩的两个儿子从军队复员后，一个被分配在北京市运输公司15厂工作，另一个被分配在东方饭店当服务员。周秩的孙女周序回忆说："爷爷生前有一次还对我感慨，'如果我与别人说我的儿子在饭店当服务员，估计没人会相信的'。"

谁吃都一样啊

周秩的妻子李一非生前回忆："老周这个人很执着，认准的事就要干到底。"而且，周秩并不计较别人对他的评价。周序还清楚记得，有一次爷爷找她谈心说："你要是真想做成一些事情，就不要把个人的感情看得太重，不要受个人情绪的影响，心胸要更开阔一些。"

在儿女们共同的记忆里，周秩是个豁达、幽默的人。在三年经济困难时期，为了改善伙食，当时二机部家属都在宿舍楼附近开辟了自留地。各家各户在地里种上了玉米、花生、胡萝卜、白菜，甚至还养起了鸡。

李一非在延安时期就有种菜的经验，她也带着孩子们圈了一块儿地。周小蘋回忆："我们也学别人家，有模有样的找了几根树枝，插在地上用绳子一围，就有了自留地。"但没想到的是，家里人辛苦了很久，到了收获的季节，有些花生不知道被谁给"顺走了"。为此，周小蘋感到很委屈，跑到父亲面前诉苦。周秩听完女儿的话，只是微微一笑，说道："谁吃都一样啊！"

为赶公交，"撒丫子就跑"

在周序的记忆里，爷爷生前很随和，不像有些老人，总是想办法在晚辈面前树立权威。虽然她有时候被爷爷带到小屋里享受"单独谈话"的待遇，但是家里的气氛一直非常民主。周秩离休在家后，非常喜欢逗孙女和外孙玩。有时候两个孩子太淘气了，他就笑着向周小山"搬救兵"，说："小山，你倒是过去管管他们啊！"周小山就赶紧过去装模作样把孩子"训斥"一顿。但是过一会儿，周秩又和两个孩子玩到了一起。

1986 年 2 月，周秩离职休养。离休后周秩一直坚持坐公交出行，尽量不给组织找麻烦。有一次，周序小学放学后在马路边看见爷爷出去办事，两人就沿着长安街步行了一段。就在这时，公交车来了，周序只看见爷爷"撒丫子就跑"，她追都追不上。

周秩平时穿着非常朴素。即使是在 20 世纪 80 年代初，中国已经改革开放，人民生活水平逐渐提高以后，他依然不改习惯。周秩有一套灰色中山装，只在接待上级领导和出席正式场合时穿，平时工作甚至还穿着打补丁的衣服。有一天，他还被小区门口的警卫拦住了盘问："你是干嘛的？你来找谁？"

周秩离休后还一直关心核工业的发展，据周小山回忆："上世纪

90年代，我父亲一有机会就'满世界'发关于核电的宣传册子。有一次，我姐夫的侄女来北京上大学，周末到家里来做客。我父亲还凑上去给人家塞了两本小册子。我当时开玩笑，说他像个兜售狗皮膏药的。我父亲听完还高兴得哈哈大笑。"

那个"陌生人"一声不吭

"我父亲年轻时是个活跃分子，一到举办晚会的时候，他往台上一站，能用英语声情并茂地背诵林肯的讲演。"周小蘋笑着说。有趣的是，据李一非生前回忆，周秩从年轻时记忆力就不好，但周秩的老战友们都认为他记忆力不错，经常有老同志把采访人员介绍过来核实一些情况，理由是"他（周秩）记性好"。因为当年周秩在军队作报告时总能滔滔不绝地讲上几个小时，给战友们造成了错觉。

周秩的演讲才能，在他担任四〇四厂领导工作后，给干部职工留下了深刻印象。后来，完成我国第一颗原子弹的"心脏"——铀球精细加工的原公浦还专门向周秩子女回忆说："我们当年都可喜欢听你父亲演讲了！"

但是，由于岁月的磨砺以及核工业保密工作的需要，周秩后来在工作和生活中大多数时候是个沉默的人。周小山说："听四〇四的老同志讲，我父亲开会时总是先听别人充分发表意见。在这个过程中，他始终一言不发，就是背着手在会议室走来走去。等大家都发完言了，他在综合大家意见的基础上，做总结性发言，最后拍板做决定。"

"文革"后期，周秩在三里河的家最多一次曾住过30多个人，里面包括亲戚、儿女的同学、战友的孩子等，周家俨然成了一个"驻京办"。当时，周秩依然在四〇四厂工作，不常回家。周小山回忆："我有一个在北京上大学的战友暂住在我家。有一天，我战友正躺在床上看书，屋里没其他人。突然，家里进来一个拿着挎包的陌生人。我战友从床上起来，还问了一句：'叔叔，您找谁？'我战友还特意给那个陌生人搬了个凳子，沏了杯茶，但那个人始终一声不吭。于是我战友就回屋里继续看书去了。过了一会儿，那个陌生人把茶喝完就默默地走了。"实际上，那个沉默的"陌生人"就是周秩，他回京开会，抽空回家看看。时隔几十年，周小山的战友一谈起此事总是忍不住哈哈大笑。

他蒸东西"很有一套"

周秩在四〇四厂担任领导期间，曾长期独自生活。因为工作太繁忙，他就住在自己的办公室里。在忙碌的工作之余，周秩曾经在办公室里架起炉子给自己"开小灶"。周小蘋说："父亲跟我们形容，他蒸东西'很有一套'：蒸锅的底层是汤，汤里有蔬菜，往上一层是主食，下面要小火慢慢熬着。这样一来，既节省时间又能把汤的鲜味渗透到主食里。"这也是周秩在四〇四厂工作期间一段充满烟火气的回忆。

（《中国核工业报》记者　郑可）

戴传曾

创造了核电领域"五个第一"

戴传曾

（1921 年 12 月—1990 年 11 月）

为建立我国核电安全研究体系作出突出贡献。

男，浙江宁波人，核物理学家。1951 年毕业于英国利物浦大学。1980 年当选为中国科学院学部委员。历任中国原子能科学研究院研究员、院长等职。1956 年获中国科学院自然科学奖三等奖，1984 年获国家科技进步奖一等奖。

他为建立中国核电安全研究体系作出突出贡献。他指导并参加研制中子衍射谱仪等多种仪器并用其开展了有关研究。他在大型电磁分离器等多种仪器研制和核潜艇动力堆等多项重点项目研究中做了大量组织领导和业务指导工作。领导研制成微型反应堆，并开发了单晶硅中子嬗变掺杂技术。在新中国核科技领域中奇迹般地创造了"五个第一"：第一台"东风一号"中子晶体谱仪、第一台中子衍射谱仪、第一座快中子零功率堆、第一批中子嬗变掺磷的单晶硅、第一座微型中子源反应堆。

谈起父亲戴传曾，年近七旬的女儿戴依明言辞间充满了对父亲的崇敬与怀念。"在我的心目中，不论是做科学研究还是在日常生活中，父亲都是少有的完美的人。作为女儿，我非常敬佩他。"

立下远大志向

1921 年，戴传曾出生于浙江省宁波市的一个知识分子家庭。祖父戴季石是清朝末年的举人。父亲戴轩臣是一位中学教师，主要教授数理化知识。家中除了父母，还有 8 个兄弟姐妹，他是最小的儿子。

戴传曾的祖父、父亲都很开明，家中无论老少每个人的意见都会得到尊重，彼此相处极为和睦。在这样融洽的家庭环境中长大的戴传曾，从小就懂得节俭，并且十分勤奋、善于思考，敢于表达自己的意见。

在父亲的教导与自己的努力下，年少的戴传曾学习成绩十分优秀，数理化基础尤为扎实。学习之余，他还乐于钻研，动手能力很强。

到了读中学时，戴传曾顺利进入了当时浙江省最好的效实中学就读。后来，抗战爆发，学校为了躲避战火搬到了乡下。虽然学习条件一下子艰苦了许多，但戴传曾并没有受到影响，反而愈加刻苦。

正是少年时的成长经历，让戴传曾立下了"救国不忘读书、读书不忘救国"的远大志向。

靠做家庭教师养活自己

中学毕业时，戴传曾在疟疾发作、高烧未退的情况下，一举考取了著名的西南联合大学，成为学校的第一届学生。入学后，他先是就读于数学系，第二年转入物理系学习。

"在我的印象里，父亲好像一直都是在最好的学校里学习。"戴依明笑着讲道，"当然，这跟他的努力勤奋是分不开的"。

在西南联大求学期间，正值国内抗战激烈之时。学校条件本就艰苦，40多名学生住在一间茅草房里，晚上没有电灯，只能点油灯。饭厅、图书馆都在大草棚中。白天上课时，日本飞机还会频繁来轰炸，老师和学生们不得不经常停课往山里跑，落下的课也只能晚上就着昏暗的灯光补上。

当时交通断绝，戴传曾已无法和家里取得联系。没有了经济来源，他只能靠领战区贷金和奖学金来维持生活。有时还需要靠去中学代课或是做家庭教师来养活自己，四年求学殊为不易。

戴传曾在英国留学取得博士学位

"但即使在那样的条件下，父亲和学校的老师、同学们还是非常乐观开朗。"当时，学校不仅有吴有训、赵忠尧、霍秉权、叶企孙等老一辈的物理学家，同窗中也不乏像杨振宁这样的天资出众者，大家的学习热情格外高涨。

1942年，在吴大猷的指导下，戴传曾完成了关于用分析力学解决天体中行星运动问题的毕业论文。

1946 年，中英庚子赔款公费留学在全国八个城市招考，大约有 400 人报考物理专业。按照成绩，考取第一二名者去英国留学，第三四名去美国，第五六名将去法国。戴传曾以第一名的成绩取得了留英机会。翌年 8 月，戴传曾从广州远赴英伦，在利物浦大学师从诺贝尔奖获得者查德威克学习原子核物理专业。

寒冬时节，钱老亲自去火车站接站

"我曾问过父亲：'那时你在英国留学，为什么一定要回国呢？'父亲的回答十分朴实：'在英国的时候，我就听说新中国成立了，内心很兴奋，感觉中国人真正站起来了。我想新中国肯定和以前是不一样的，我想为自己的国家做点事。'"

获得博士学位后，尽管英国的一些研究机构竭力挽留，但戴传曾还是毅然在 1951 年底动身回国。归国途中，戴传曾路过广州，参观了正在举办的工业展览会。"那在以前的中国是没有的。父亲看了后特别高兴，他说自己就是怀着这种激动的心情北上的。"

戴传曾到达北京时，正是寒冬时节。"那时天气非常冷，但是钱老（钱三强）亲自到火车站去接父亲，这让他特别感动。"后来，戴传曾一直从事原子能科研工作。

白手起家，去天桥货摊上买零件

20 世纪 50 年代，新中国百废待兴，科研工作艰难起步。抗美援朝战争的爆发，让戴传曾尤其感到责任之重大。"当时的科研条件特别简陋，父亲就带着刚刚毕业的年轻大学生，从修复液氮空气压缩机

123

开始，自己动手制备液氮，然后再骑着三轮车拉回到中关村。"

"那时候真的是白手起家。"戴依明说，"父亲还自己骑着自行车到天桥的旧货摊去买可以利用的零部件，亲自带着组里的年轻人吹玻璃管、设计电子线路图、焊接电路。后来，他和李德平等因卤素计数管和强流管的制备及性能研究获得了 1956 年我国首批自然科学三等奖"。

1957 年，戴传曾负责研制成功了中国第一台中子晶体谱仪，后来又研制成功了我国第一台中子衍射谱仪。王淦昌曾评价两台谱仪均达到了当时的国际先进水平。两台仪器连续可靠地使用了 20 多年，为我国核物理和固体物理研究发挥了重要作用。

忘我工作成为一代知识精英的终生自觉行动

戴传曾一直致力于实验核物理、反应堆物理、反应堆工程和核电安全方面的分析研究，他参加了中国第一个大型材料热室的施工设计，组织领导、指导了大型电磁分离器等多种仪器研制和核潜艇动力堆等多项重点项目研究，开发了单晶硅中子嬗变掺杂技术，在新中国核电领域奇迹般地创造了"五个第一"的纪录，即第一台"东风一号"中子晶体谱仪、第一台中子衍射谱仪、第一座快中子零功率堆、第一批中子嬗变掺磷的单晶硅和第一座微型中子源反应堆。

戴传曾的儿子戴卫明在一篇回忆父亲的文章中写道："'文革'后，父亲的工作越发忙碌。一个星期工作 7 天，这样无假期、无休息的日子长年累月地重复着……我一直试图理解父亲这辈人为何在工作上如此地拼命。回想父亲对我说的片段话语，他作为西南联大的第一批新生，经历了国力衰弱、强敌入侵、民族存亡的危机，虽身住茅草屋却心怀科技救国的强烈愿望。他们深感重任在肩，因此拼命学习、忘我工作成为一代知识精英的终生自觉行动。"

既有"山水诗意"，也有"平凡烟火"

工作之外的戴传曾爱好颇多，喜欢陪伴家人。于忙碌的工作之外，既有"山水诗意"，也有"平凡烟火"。

戴传曾喜欢古典音乐。"尤其是疲劳的时候，父亲就会喜欢听古典音乐，像莫扎特、贝多芬、巴赫，他都喜欢。"在女儿眼中，戴传曾是个很有生活情趣的人。"工作之余，父亲还喜欢看足球赛，比如英超联赛、世界杯等。"

戴依明还记得，那时戴传曾一直在北京西郊的原子能所工作，只有每周六晚上才能坐班车回到市里的家。周一早上六点多，便又急匆匆地走了。"可即使这样，父亲还是争取每周都回来，带着我们一家人去郊游、划船、爬山。"他非常注重对家人的陪伴，不论工作多忙碌，也坚持要照顾好家庭。

"到了春天，父亲就会说'玉兰花开了，带你们去看玉兰花吧'，周末父亲就会带着我们到颐和园去看玉兰。到了桂花飘香的时候，父亲就说'我们去闻一下桂花香吧'，便带着全家人到公园里去闻桂花香。"正是受父亲的影响，戴依明也养成了听古典音乐、赏时令鲜花的习惯。

给孩子们准备好一周的荤菜

在"文化大革命"时期，戴传曾妻子去了"五七干校"，家中只剩三个孩子和工作繁忙的戴传曾。他担心孩子们吃不好、营养不足，就每周回家的时候准备好一周的荤菜。

戴传曾和夫人

同时，他还会写好每周的注意事项放在抽屉里，从功课学习，到叮嘱孩子们添减衣物、关好煤炉、注意用水用电安全，事无巨细。"每次父亲都写满满的一两页纸。我们每天回到家，就去看父亲是怎么叮嘱的，然后照着纸上写的去做。"对于父亲无微不至的关爱，戴依明至今铭记于心。

二机部英语最好的人之一

戴传曾对孩子们的教导常常是在言传身教、亲力亲为中。他对工作的一丝不苟和对家人的用情至深深深地影响了子女们。

"父亲常说，勤能补拙、笨鸟先飞。"作为家中长女，戴依明自记事起，就经常能见到戴传曾在桌子前伏案学习的样子。"我觉得这既是父亲对我们的要求，也是父亲对自己的要求。"

20世纪70年代，戴传曾是公认的二机部英语最好的人之一。但那时，距离他留学归国已经有 20 多年了。每次出国交流，他都做足功课。所有的材料他都要一一阅读、做好笔记，带着问题去交流，然后带着答案回来，从不打没有准备之仗。

辅导侄子参加高考，写了 30 页的复习大纲

在戴传曾的教导和影响下，家中子女和后辈子侄也获益良多。

戴卫明记得，三年级的时候父亲给他买了一套矿石收音机的零件。从那以后，戴卫明开始自学电子线路，从组装矿石收音机到 8 只三极管收音机，他不断进步。戴卫明说："我的动手能力就是那时培养出来的。"

1977 年全国恢复高考后，戴传曾给侄子辅导功课。他亲笔写了满满 30 页复习大纲，而且每隔两周就到侄子的住所去督促他学习。最后，侄子成功考上了重点大学。

1990 年，戴传曾因心肾衰竭去世，时年 69 岁。

2020 年 1 月 15 日，在纪念核工业创建 65 周年座谈会上，戴传曾被评为中国核工业功勋。带着对核工业事业的美好祝愿，戴依明将父亲的 36 件遗物捐赠给了宁波博物馆，希望更多的人走进核工业，完成父亲未竟的事业。

（《中国核工业报》记者　沈然获）

邓稼先

能"享""受"的人

邓稼先

（1924 年 6 月—1986 年 7 月）

我国核武器研制与发展的主要组织者、领导者。

男，安徽怀宁人，核物理学家，1950 年毕业于美国普渡大学，1980 年当选为中国科学院学部委员。历任核工业部第九研究设计院副院长、院长，核工业部科技委副主任，国防科工委科技委副主任等职。先后四次获国家科技进步奖特等奖，1999 年获"两弹一星"功勋奖章（追授）。

他领导开展了爆炸物理、流体力学、状态方程、中子输运等理论研究，对原子弹的物理过程进行了大量模拟计算和分析，为原子弹、氢弹的研制成功，作出了重要理论贡献和组织领导贡献。

他是我国核武器研制与发展的主要组织者、领导者，是"两弹"元勋、核工业功勋，但在家人眼中他有怎样的"人设"？采访邓稼先的妻侄、九三学社第十四届中央委员会委员、第十三届全国政协委员会委员许进先生，希望可以通过一些细节，还原邓稼先这位伟大科学家的鲜活形象。

美学家父亲的嘱托

"我的姑父邓稼先出生于书香世家，他的国学底蕴很深厚，在国家贫穷落后、遭人欺辱的背景下，他最终走上了科学救国的道路。"许进感叹地说。在他的情感里，邓稼先是伟大的核科学家，但更是一张桌子上吃饭闲聊的家人。

正如许进所言，邓稼先的祖上多出文界名人，其六世祖邓石如是清代金石名家、文坛泰斗，其父亲邓以蛰是与宗白华齐名的美学家，时称"南宗北邓"，曾在清华大学、北京大学、燕京大学等校任教。

"邓稼先曾生活在半殖民地半封建社会的环境下，亲历过亡国奴的屈辱和痛苦。"许进说，"北平沦陷后，清华、北大南迁昆明，邓稼先的父亲身患肺病，无法旅途颠簸，全家就滞留在北平"。

每当日本侵略者占领一个中国城市，他们就逼迫北平的百姓拿着日旗上街庆贺，13岁的少年邓稼先胸中怒火滚涌，当众把一面日旗撕得粉碎并狠踩脚下……一颗"中国心"迅猛滋长！

人心惶惶的亡城，危机四伏的空气，邓以蛰的好朋友（也是邓稼先就读中学的校长）提醒他，邓稼先可能已被周围的汉奸盯上，要尽快将其送出去避祸。

1940年5月，正读高二的邓稼先由其大姐邓仲先带领着开始了辗转曲折的逃亡之路。

"他们从北平到天津，从天津坐船到上海，从上海又坐船经香港到越南登陆后，先到昆明，后到四川江津，进入邓稼先叔叔任校长的国立中学就读，并在那儿考入西南联大。"许进说。

临行前，邓父嘱托："稼儿，以后你一定要学科学，不要像我这样，不要学文，学科学对国家有用。"话语中透露出一位爱国美学家的深深无奈。也正是这句话，改变了邓稼先的一生。

天资聪颖的"娃娃博士"

许进从邓仲先那里听过几件小事，儿时的邓稼先很活泼，甚至有点淘气，有一年冬天，他跟同学到北海玩，竟然跳到冰窟窿里，幸亏一个路人看到，及时把未来的"两弹"元勋救上岸。

邓稼先上小学的时候，有一天，邓仲先等了很晚也不见弟弟放学回家，找到学校才知道，弟弟把学校教室的窗玻璃砸烂，被老师扣留了，邓仲先赔了玻璃钱，老师才放邓稼先回家。

"从小时候的调皮、活跃就可以看出他不是个思想呆板的人，不然他也不可能会有这么大的科学成就。"许进说。

1941年，邓稼先考入西南联合大学，利用所有珍贵的时间抓紧学习，期间时有日军空袭，躲进防空洞的邓稼先就和杨振宁拿着英汉字典相互考答。1948年10月，他考入美国普渡大学研究生院。1950年8月，他去美国22个月后就取得博士学位，只有26岁，被人称作"娃娃博士"。导师看中他的才华，想推荐他到英国再深造两年。当时，能够获得博士学位，在美国也是十分难得的人才，拥有光明的学术前景和优越的生活条件。但他盼望的是早日回国，改变祖国贫穷落后的状况。在获得博士学位后的第9天，邓稼先与百余名爱国青年一道乘船回国，投身新中国的建设之中。8 年后，他又放弃了颇有成绩的科学研究，投身荒漠，为祖国研制核武器。

"福将"双解

有一次邓稼先对许进说："同事都说我是福将。我是甲子年出生的，甲是天干之首，子是地支之首，所以说我是福将。"当时，许进完全不知道姑父所说的这段话的背景。1986 年邓稼先逝世后，许进才从一些报道中获得"福将"的正解：在国家 32 次核试验中，邓稼先在现场亲自主持了 15 次，凡是他做出的重大决策无一失误，因而被同事们称为"福将"。

"有谁知道在'福将'的背后，姑父付出了多少心血？"作为亲属，许进心疼地说，"承担了核武器研制之后，姑父就变成了个寡言少语的人，有时候家人跟他说话，他只是在旁边笑笑，听听，很少跟我们对话……核试验起爆之前，技术负责人要签字负责。姑父每次签字后，都会有一小段时间浑身冰凉。他曾开玩笑说，签字以后，就把脑袋别在裤腰带上了。"

一次空投氢弹试验失败后，邓稼先想立即去爆心查看原因，有人想替他去，邓稼先说："你们谁也不要去，这是我做的，我知道。你们去了也是白受污染。"他最了解进入爆炸核心 300 米半径范围内的危险性和对于身体的伤害，但仍奋不顾身地走入那片"死亡之地"。为了研制核武器，国家倾囊投入，如果实验失败，将给国家带来重大经济损失。作为核武器研制的理论负责人，邓稼先把国家的事业和财产看得比自己的生命重要。

能"享""受"的人

后人津津乐道邓稼先那些生活"段子"：看戏从不提前买票，也不到售票窗口等退票，而是在附近"物色"那些看起来真想转让戏票的人，屡屡成功；一套衣服穿很多年，但始终干净、整齐，从不因为工作繁忙而在服装上显示出"没时间收拾"的样子；带着一家子去下馆子，要排队，看着哪一桌子快吃完了，就赶紧过去站在旁边盯着……这样普通人的生活场景，今天的我们依然是熟悉的。

"他喜欢看电影、听京剧、爱下馆子、抽烟、喝酒，普通人的生活爱好他都有，是个懂得享受生活的人，只是他的时间精力都投入到工作上了，没有多少时间享受那些。他到北京几乎都是为了出差，一般是工作做出成绩了需要回北京向领导汇报。有时回来旋即就走，有时需要等领导批示，可能会多待一点儿时间。在这难得的时间里，周末他通常一大早就先去王府井的外文书店买科研需要的资料书，然后去饭馆或去附近我祖父家吃午饭，有时还去北大看望一下他的父母……他就是个普通的人，有许多普通人的嗜好，他了不起的地方就在于，国家需要他的时候，他能够舍弃那些个人嗜好。"许进说。

邓稼先能"享"于生活，对于常人难以想象的痛苦，也很能"受"。

长期工作在强辐射环境中的邓稼先，在那次氢弹试验意外事故后病倒了。他开始便血，情况越来越严重。当时，他正在与团队通过大量的核试验不断完善核武器的研制。他全身心地投入工作，顾不得去医院检查身体。

1985 年 8 月初，邓稼先到北京向张爱萍将军等中央领导汇报工作。张将军发现他气色不好，命令他马上到医院检查身体。就这样，在身体状况糟糕了 6 年后，他才走进医院。医生检查的结果是中晚期直肠癌。医生生气地说，你怎么拖到现在才来？你的家属来了吗？你今天不能走了。

"姑父查出直肠癌晚期，为了防止扩散，医生把他肛门周围的淋巴结全部切除，每次坐的时候，要坐在医院给他配的一个小橡皮圈上，但坐一会儿就疼痛不已，到后来，他不仅是坐不下来，疼痛使他每天都要注射杜冷丁，再后来每个小时都要注射一次。其中的痛苦难以想象……"许进说。

这一时期的邓稼先知道自己时日无多，更加紧忙于一项重要工作——起草核武器发展规划建议书。他忍着手术后的疼痛查阅了大量的书籍材料，经常约同事们来病房商量问题。当时，美苏英三个核大国的技术水平已经达到只需通过计算机模拟核试验就能取得所需试验数据，不需要再进行空中或地下核爆试验的水平。而我国的核武器研

1986 年，邓稼先示意核武器核心部件的大小

135

究事业正处于十分关键的阶段，一旦受干扰就会迟滞，甚至功亏一篑。邓稼先判断他们有可能提出在全世界范围内禁止核试验，以限制中国的核武器发展，他十分焦急。

"1986年春节前后，邓稼先短暂出院，出院那天他约了同事到家里商量，令那位同事惊讶和感动的是，他从公交车下车后看到邓稼先从另一个公交车门下来了，他本可以坐专车，何况还重症在身。他出行经常骑着自己的飞鸽牌自行车，后来年纪大了就坐公交车，'公家'的专车他一生都很少坐。"许进说。

邓稼先用虚弱的生命余光给祖国写出了一份"万金家书"，中共中央和国务院采纳了此项建议。1996年7月29日，邓稼先逝世十周年纪念日，在成功进行了第45次核试验后，中国宣布暂停核试验。当时，中国已具备在实验室模拟核爆炸试验条件。一个多月后，联合国批准了《全面禁止核试验条约》。邓稼先起草的建议书对于中国今天的国际核地位十分重要。

"操心"的高考家长

对于国家，他是功勋；对于家人，他是个有血有肉、有情有义的亲人。

"我姑父的人生可以分成两部分，一部分光辉灿烂：国家把如此重要的任务交给他，他也为国家奉献了终身，出色地完成任务；另一部分，其个人生活上则有很多遗憾：作为丈夫和父亲，他没能有那么多时间照顾家庭和陪伴子女。所以，作为一个亲属，我觉得他这个人在事业上是可'歌'的，在个人生活上是可'泣'的，但他的家人对他的事业也理解。"许进说。

邓稼先以身许国，难以顾家，但他也深爱自己的儿女。在宝贵的休息时间和力所能及的事情上，他也像普通的父亲一样为儿女的前途"操心"。

"我表姐15岁就到内蒙古乌拉特前旗生产建设兵团参加劳动了，那里条件很艰苦，全县就一个饭馆，在火车站旁边。我姑父非常惦记女儿，有一次他出差，故意'经过'那里，看望我表姐，给她带了好多罐头之类吃的东西……1977年恢复高考，我表姐去兵团时初中都没毕业，她的知识基础离高考要求差得还很远，我表哥在京读了高中，那时正赶上姑父来北京出差，有一两个月的时间，每天晚上，姑父都给他俩补习功课，后来他俩都考上了大学。"许进说。

一些遗憾

"以后，我恐怕照顾不了这个家了。这件事情如果做好了，我这一辈子就值了。"这是邓稼先说给妻子许鹿希的话。但过早离世的他并非没有遗憾，他的事业并没有亲自完成，学术著作也未及动笔。

"姑父说过的两句话对我触动最大，一是'一不为名，二不为利'，但工作目标要奔世界先进水平。二是他临终前对我姑姑说，如果有来生，我还选择中国，我还选择核事业，我还选择你。这是他对于自己一生的概括和总结。他去世前最后一句话是'不要让人家把我们落得太远'。这是他一生的奋斗目标，也是对于一代又一代青年的瞩望。"许进说。

许进，九三学社第十四届中央委员会委员，第十三届全国政协委员会委员。其姑姑为邓稼先的夫人许鹿希，其祖父为九三学社创始人、五四运动领袖、新中国成立初期全国政协副主席、全国人大常委会副委员长许德珩。

(《中国核工业报》记者 佘诗君)

朱光亚

醉心物理，无意浮名

朱光亚

（1924 年 12 月—2011 年 2 月）

我国核武器研制的科学技术领导人，为"两弹"技术突破及其武器化工作作出了重大贡献。

男，湖北汉阳人，核物理学家，1950 年毕业于美国密歇根大学，1980 年当选为中国科学院学部委员，1994 年当选为中国工程院院士。历任二机部核武器研究所副所长，国防科工委科技委副主任、主任，总装备部科技委主任，中国工程院院长等职。1985 年获国家科技进步奖特等奖，1999 年获"两弹一星"功勋奖章。

他是我国核武器研制的科学技术领导人，为实现 1964 年第一颗原子弹爆炸起了重要作用。他参与组织领导了我国历次原子弹、氢弹的试验，为"两弹"技术突破及其武器化工作作出了重大贡献。他参与组织了我国核电筹建和放射性同位素应用开发研究。他参与了国家高技术研究发展计划——"863"计划的制定与实施，以及国防科技发展战略研究工作，为核能技术的和平利用和跟踪世界高技术的发展，作出了重大贡献。

总结对父亲的感觉时，朱光亚的儿子朱明远很坦率地提到两个词——"敬仰"和"神圣"。"我父亲一生平平稳稳的，好像也没什么惊天动地的事儿可说。但是我后来想，研制核武器这么大的一个事儿，让他干得平平稳稳的，就是最圆满的结果。"

西南联大"五大才子"之一

早年朱光亚曾计划服从社会主流需要，报考机械专业，临考时他却得了"打摆子"（疟疾），错过了招录。后来不得已才投向了他的"真爱"——物理学，考入中央大学物理系。

1942 年，他在中央大学物理系就读一年以后，偶遇西南联大理学院院长、物理学家吴有训来中央大学讲学。吴有训邀请朱光亚去西南联大，朱光亚欣然应试并顺利考入该校。在那里，朱光亚师从周培源、赵忠尧、叶企孙、吴有训、朱物华、吴大猷等众多名师学习。有一次，朱物华教授的无线电学考试题目很难，有人还担心考不及格，结果有人居然考了 100 分，那个人就是朱光亚。

翻译家许渊冲有一次接受采访时提到当年西南联大流行的"五大才子"："湖北朱、安徽杨，外加许二王，理工文法五堵墙"，"湖北朱"指的就是朱光亚。

他的作业本可以作为课本出售

认识朱光亚的人，对他最深刻而一致的印象就是"严谨"。

他中学时期的物理老师魏荣爵曾回忆说："朱光亚的物理作业书写规范，非常整洁，可以拿到书店作为物理课本。"

朱光亚在西南联大就读时，孙本旺是数学系助教，据孙本旺的女儿回忆："父亲曾说朱光亚当年的考卷，连标点符号都准确无误，想扣掉一分都很难。"

朱光亚的夫人许慧君曾回忆，在美国留学期间，由于朱光亚一贯考试卷面干净、答题准确，教授赞叹看他的考卷"是一种享受"。

院士徐銤在清华工程物理系读书时，曾上过朱光亚两个学期的课，后来他回忆说："朱先生讲课相当细致……同学们上课光是看朱老师的板书就心花怒放。"

朱光亚任工程院副院长时，朱明远去过一次。父亲的几个秘书跟朱明远"吐槽"："我的天，朱院长批文件连标点符号都改！"

"如果谁写的文件没有被父亲改过，那个人就会觉得是得到了极大认可，特得意。但这样的情况很少。"朱明远说。

至今，有些当年的同事还保存着朱光亚批文件的手迹作为纪念。

朱光亚在中国工程院办公室

四季衣服按卡片信息存取

对于父亲的严谨和细致，朱明远在日常生活中也深有体会："父亲不爱说话，但是做任何事都很有条理。小时候我们兄弟姐妹三个人所有的衣服，四季轮换时，过季的要收到箱子里。谁的衣服、什么季节的、放在哪个箱子里，父亲都一拿一个准，从不会乱。因为他在每个箱子上都会留一张卡片，上面登记了人名、季节、件数等，一目了然。"

朱光亚平常总有个大本子，大事小事都要记，家里人用公家的车办私事，谁用的，去了哪里，他都详细记下来，到月底，他会让秘书按照记录去管理部门交钱。每天早上上班前，他都会抄一下电表。

朱光亚不仅工作生活极有条理，记忆力也极好。有一次，他在外面开会，临时让秘书帮他回家取一份文件，文件在第几个保险柜、第几格、从左到右第几摞，从上往下数第几份，他说得清清楚楚。

"小时候，父亲在家里的办公抽屉里放着好多办公用品，其中有些挺漂亮的铅笔，有时我们的铅笔用完了，就想趁他不注意从他抽屉里顺一根走。他马上就会发现，询问我们谁拿了，我们只能不打自招。"

三进三出北大，每一次"出"都和中国核武器有关

朱明远为父亲的一生总结了一个三进三出北大的"段子"。

1942 年考入西南联大，算是朱光亚第一次进北大（北大是汇合成西南联大的三校之一）。

1947 年，朱光亚（右）在美国密歇根大学研究生院时与李政道（左）和杨振宁（中）合影

第一次出北大是 1946 年，朱光亚与李政道等几位从西南联大选出来的数理化精英，在华罗庚的带领下奔赴美国，去学习原子能技术，不料遭到美国政府拒绝。几位青年学子不得不就地解散，朱光亚就去了他恩师吴大猷的母校——密歇根大学安娜堡分校学习核物理专业。

新中国成立的消息传来时，朱光亚欢欣鼓舞，与其他几位同学组织成立留美中国学生科学协会，通过召开座谈会、编写《赶快回国歌》、起草《给留美同学的一封公开信》等，动员大家回国效力。公开信在《留美学生通讯》发表，他也抢在美国对华施行全面封锁前自筹经费，于 1950 年 2 月回到祖国。

回国后朱光亚第二次进入北大，开始了第一份工作——教书，为国家培养物理人才，同时从事核物理研究工作。

1952 年 4 月，他作为英文翻译和核观察员奔赴朝鲜板门店参与停战谈判。这是他第二次出北大。

1955 年，朱光亚奉命第三次进入北大，与胡济民等一起组建我国第一个核科技高等教育基地——物理研究室（北大技术物理系前身），为国家培养原子能专业人才。两年后，他又被调到原子能研究所从事核反应堆研究工作。

"这是父亲第三次出北大，这三进三出，都与中国核武器的发展密切相关。之后父亲就在我国研制核武器的道路上'一去不回头'。从第一次'出'到第三次'出'，经历了 11 年。"朱明远说，"用我父亲自己的话说，他这辈子主要就干了这一件事。"

谈判桌上的较量

1952 年 4 月，在北大任教的朱光亚临时被国家抽调为高级翻译人员到朝鲜参加板门店停战谈判。但多年后朱明远才从别人口中得知，那次朱光亚还有一个秘密任务——去观察美国是否在朝鲜战场使用了原子武器。

"我在上世纪 80 年代碰到我父亲在北大物理系的同事沈克奇，他告诉了我当时我父亲去执行这个秘密使命。但我父亲从来没跟我说过。"朱明远说，"他抽烟喝酒的习惯就是在那次谈判中养成的。"

前后在朝鲜待了约一年，这番经历，在这位大学教授的心上镌刻了难以磨灭的印记。

去东北人民大学就职时，他刚从朝鲜回来不久，当时负责去火车站接他的人回忆说，朱光亚"穿着一身志愿军的黄色军服，脚上穿着黄色军靴"。

几年后，已经调任核武器研究所副所长的朱光亚仍然穿着去朝鲜时发的军大衣。秘书好奇地问起来，朱光亚说："我曾经是志愿军的一员，参加过停战谈判，当过英文翻译，在谈判桌前面对面跟美国佬较量过。"十多年后，穿着同一件大衣，面对同样的问题，他仍然兴致勃勃地这么解释。

神秘的父亲

有那么几年，朱明远感觉到父亲出差频繁起来，目的地不是青海就是新疆。最令他感觉奇怪的是，有一次父亲出差回来收拾东西，其中有一张工作证，名字写着朱冬生，职务是青海国营综合机械厂副厂长，贴的却是朱光亚的照片。"后来我才明白，朱冬生是父亲的化名，父亲是冬天出生的。当时就觉得父亲跟个特务似的。"

"父亲搞原子弹，是我猜出来的。"朱明远说，"有一次，一个院的小伙伴们在一起聊天，当聊到每次核试验，各家的爸妈都在出差，而且都是去西北时，我们就猜到了。大家都没有说什么，但是感觉很神秘。"

朱明远还想起另外一件事："大概是郭永怀飞机失事的第三天，九院科技处的一个人来敲我们家门，手里拿了两包东西，说是我父亲托郭永怀从青海带回来的，一包毛线和一小包钱，钱是父亲当时在青海领的两个月的工资。"

从活泼到缄默，工作使他"像换了个人"

有一次朱明远问大姑："为什么我父亲总不爱说话？"大姑说："你爸小时候可不这样儿，那时候他可爱说话了，亲戚邻居都很喜欢他。后来我去北京看他，他就像换了个人，不咋爱说了，几个人聊天，他就只听别人说，偶尔笑笑、点点头。"

从一些记载中可以看到，少年和青年时期的朱光亚是活跃的，在重庆南开中学就读时，他与几位同学一起发起成立"真善美"小组，彼此相互激励。当年的"真善美"小组成员后来有四位都成了院士。

那时的朱光亚还很喜好音乐，并与另外三位同学成立了四重唱小组。在西南联大读书和在美国密歇根大学留学时，他都是校合唱队的成员。那时期，他和同学泛舟、草坪聚会、唱歌、讲演，留下了很多照片，他是中国留学生中的活跃分子。回国时，他带回了近百张古典音乐唱片，一到周末闲暇时就会放几张听。

在北大任教时，朱光亚还经常和学生打篮球，球技惹人注目，还被人误认为是刚入学的研究生。

"父亲是个缄默的人，不爱表达自己的观点，无论是对工作还是对生活，对时事什么的都不作评价，不喜欢表态"，朱明远说。他试着理解父亲的缄默："可能因为工作性质改变了，由此也改变了他的性格。一个是工作需要保密，不能乱说，另一个是他的职务是在技术上拍板，关系重大，不能随便表态。李政道在一篇文章里就提到过，当年搞核武器的这群人，每一个都是帅，朱光亚作为'众帅之帅'能让这群人配合得这么好，挺难得的。"

朱光亚的酒量很大，他晚年跟朱明远说，自己一辈子只喝醉过一次，就是在第一颗原子弹爆炸成功的那天晚上。那天，他从早上起床没吃东西就开始忙碌，一直忙到晚上开庆功宴，空腹大碗喝酒，一下子就醉了。

1964 年 10 月 16 日，我国第一颗原子弹爆炸成功以后，（从左至右）
张爱萍、朱光亚、刘西尧、李觉、吴际霖等欢迎参试人员凯旋归来

他从来不抱怨，从不表达失望

在北大任教时，朱光亚出版论著《原子能与原子武器》，书中畅想了未来利用核能发电的图景。1971 年，他受命参与组织领导我国第一座核电站——秦山核电站的筹建工作，从核电技术探索、调查论证到选址、堆型的选择等，他都付出了大量心血。

1977 年，在参加大亚湾核电站筹备工作时，关于是用进口还是搞国产的问题，一向低调缄默的朱光亚，竟然一反常态，与主管该项工作的有关领导发生了争论，朱光亚极力主张即使是百万千瓦的核电机组，也应该自主建设，他坚信，把核武器都能独立研制出来的中国，凭国内的技术和人才力量，也一定能在核电技术上取得突破。

最后大亚湾仍然采用了法国的核电技术。但朱明远说："我父亲从来不抱怨，从不表达失望，如果不满意，他只会积极解决问题，努力往前走，他会觉得即使有些问题我们现在不能解决，以后总会有人去把它解决掉。他是这种实干型的人，科学家就应该是这样的。"

儿子考上研究生，买一条新裤子做奖励

1978 年国家恢复高考，和许多同龄人一样，学业被荒置了 10 年、仅有小学文化基础的朱明远心里有点儿没底。邓稼先等人作为家长，都在操心子女的高考大事，此时的朱光亚展现了一个父亲的"绝技"——亲手为儿子编写复习大纲。

"当时父亲负责我的物理、数学，他把初中、高中 6 年的物理和数学知识手写成了一份份复习提纲，好多本，每本十几页，内容很精炼。"

填报专业的时候，朱明远也想选物理，立即被父亲否决："你不适合学物理，你数学还可以。"原因是："有一次父亲出了一道物理题让我做，我很快就正确做出来了。他又给我一道题，我费了九牛二虎之力也没做出来。他说这道题跟刚才那道题是一个物理概念，你那道题会做，这道题却做不出来，说明你没真正搞明白物理概念，你是在用数学的东西硬套。"

当时朱明远已经 24 岁了，学数学已然没有年龄优势。朱光亚有前瞻性地提出建议："你学计算机软件吧。"就这样，朱明远成了国防科技大学计算机系软件专业的第一批学生。

大四上学期，朱明远跟比他高一届的学生一起报考了中科院计算机所研究生，还考入了出国留学班。"父亲十分高兴，当即上街给我

买了一条新裤子作为奖励。"

在父亲眼中，我就是个"马大哈"

朱明远参加工作后，要为一些重要机器编写软件，更加理解了父亲在工作中保持严谨习惯的重要性："一旦出错了，机器可能会出事故，甚至造成灾难。"

但父亲的严谨与认真，当儿子的似乎永远也不可企及。

"我曾在航空工业部宣传部工作过一段时间，当时要校对很多文件，同事都说我非常仔细，凡是我校对过的内容，他们都很放心。但我在家里经常被父亲批评'马大哈'。"说到这儿，朱明远有点心情复杂地笑起来。

其实，五十多岁的时候，朱明远就已经释然："朱光亚就是朱光亚，别人就是别人，我们应该努力以他为榜样，但不一定非要苛求成为他。"

得罪归得罪，采访绝对不行

朱光亚很喜欢杜甫的一句诗"细推物理需行乐，何用浮名绊此生"。他还把这句诗送给李政道。在朱光亚80岁生日时，李政道又拿此句回赠他。

家乡建公园选名字想以他为名，他执意拒绝，换成了其他名字。

当年一位新华社记者为了报道已经重病的邓稼先而采访朱光亚时，他欣然接受。最后这位记者写的文章传遍全国，引起轰动。但他又去采访朱光亚本人时，却被朱光亚接连拒绝了几次，最终也没能采成。后来朱光亚有点过意不去地跟家人说："我可把这位大记者得罪了。但是，得罪归得罪，采访绝对不行。"

还有一次，一个人写了一篇关于他的文章，因为用了一点儿文学夸张的手法，被朱光亚叫到家里批评了一顿。

这些小事，正是朱光亚严谨一生"醉心物理，无意浮名"的写照。

（《中国核工业报》记者　余诗君）

彭士禄

历尽千帆仍是"乐天派"

彭士禄

（1925 年 11 月—2021 年 3 月）

我国第一任核潜艇总设计师。

男，广东海丰人，核动力专家，1956 年毕业于莫斯科化工机械学院，1994 年当选为中国工程院院士。历任六机部副部长兼总工程师、水电部副部长兼总工程师，中国核工业部总工程师等职。1978 年获全国科学大会奖。

他是我国核潜艇第一任总设计师。主持我国第一艘核潜艇的设计建造，实现我国核潜艇从无到有的历史性突破，主持指导我国军用核动力技术持续发展。开创我国核电站自主设计与建设，促进我国核电持续发展，力推我国第一座核电站采用压水堆路线，组织引进我国第一座百万千瓦级核电站——大亚湾核电站，组织建造第一座商用大型核电站——秦山二期核电站，建言献策指导我国核电技术持续发展。

他，出身红色家庭，父母都是革命战士。

他，美好的童年定格在那个漆黑的雨夜……

他，进过囚牢，当过乞丐，做过护士，吃过百家饭，穿过百家衣，虽历经磨难，颠沛流离，却向阳而生，用传奇故事证明了他的红色基因。

他，严谨求实，胆大心细，参与研究设计了中国第一代核潜艇、中国第一个核动力装置、中国第一座大型商用核电站大亚湾核电站和我国自主设计建造的第一座大型商用核电站秦山二期核电站。

他就是我国著名核动力专家，中国核潜艇第一任总设计师、中国核动力领域开拓者和奠基人之一、"时代楷模""核工业功勋人物"彭士禄。

彭士禄在同事眼中寡言少语、工作严谨、处事果敢，但在家人眼中却是另一番模样：家中总是回荡着他爽朗的笑声，他的"彭氏幽默"让家人难以忘怀。

彭士禄在核潜艇前

全家人都"欺负"他

在彭士禄书房的橱窗里留存着一份特殊的合同。合同订立的时间是 1999 年 8 月 15 日，订立双方分别是甲方老朋友彭士禄和乙方小朋友彭瑶。这是一份外孙女彭瑶因心疼终日忙碌又喜好喝酒的姥爷，与彭老签订奖励喝酒的合同书，字里行间尽显彭士禄与外孙女的温情。

在回忆与父亲相处的点滴时，女儿彭洁感慨家人都很怀念父亲退居二线后，逐渐回归家庭生活的美好时光。那时彭士禄和妻子的身体都还好，一到周末彭洁和家人就会带着父母出去兜风，夏天赏花看美景，冬天体会冰上乐趣，哪怕鼻头冻红了，两位"老小孩儿"也要在冰上玩个尽兴才肯回家。

"我父亲常说在家里'地位低'，全家人都'欺负'他。一边说还一边举小手指比划……"彭士禄给家里人做了排序，排名第一的是妻子，第二是彭洁，第三是外孙女，第四是保姆，第五是女婿，第六则是他自己。"父亲常开玩笑说，他跟老五最可怜了，两个人是同一个战壕里的'战友'，都是在这

彭士禄与外孙女彭瑶签订的奖励喝酒合同书

个家'最受气'，受管制的。"彭洁绘声绘色地说，"所以，在家里父亲最关心两个人，一个是他的外孙女，一个是他的女婿。每次下班回家进门第一件事就是问：'小朋友回来没有？'接着就是问：'老五回来没有？'"

父亲给他起名彭赤湿

与许多功勋的后代一样，彭洁对于父亲的过往和所从事的工作并不十分了解："直到我母亲去世后，我要全面承担起照顾父亲的重任，才开始慢慢了解父亲。我在帮他做一些整理工作之后，才知道他的不容易和他所成就的事业。"彭洁说。

"有一次我在整理翻看相册时，发现一张照片的背面写有'彭赤湿'字样，我问这是谁？父亲说这是他。我当时就很震惊。"彭洁疑惑地问父亲："您连父母的样子都不记得了，怎会记得有过彭赤湿这个名字？"彭士禄当时缓缓地说："对这个名字，我一直有些印象，这是我小时候的名字。后来，我是在辗转香港、澳门与七叔七婶和祖母生活的那段时间，为了免费上学加入了天主教，才改名叫彭保禄。"

彭赤湿这个名字，是唯一能够体现他与父亲彭湃有连接的证明。彭湃给彭士禄的哥哥取名叫彭绛人，给彭士禄取名叫彭赤湿。绛和赤都代表红色，绛人是红色的人，赤湿表示红色的润土，足以看出彭湃对革命信仰的坚定。

父亲和他的小玛莎

"我父亲总说，在认识我母亲以后，他的性格发生了很大改变，

彭士禄和妻子马淑英结婚照

比之前开朗了许多。是母亲的关爱和温柔温暖了他，让他变得开朗"，彭洁说。

彭士禄和妻子马淑英是在苏联留学期间认识的。当时马淑英作为优秀学生被保送到苏联。1953 年，马淑英从北京到喀山，中国驻苏大使馆的工作人员告诉她，会有一个叫彭士禄的人去火车站接她。马淑英下了火车，两人一见面，彭士禄就对眼前这位眉清目秀的姑娘一见钟情了。而当时的马淑英对彭士禄并没有什么想法，主要是觉得自己是普通人家的女孩，对方是红色家庭出身的优秀青年，不敢高攀。但在彭士禄的穷追不舍下，两人确定了恋爱关系。两人回国后，1958 年 6 月，彭士禄与马淑英结婚，婚后育有一子一女。

彭士禄说自己有三位夫人，第一位是核动力，第二位是烟酒茶，第三位则是小玛莎，小玛莎是谁？彭士禄口中的小玛莎就是他的妻子马淑英，这是留苏时妻子的名字。关于父母间的小浪漫，彭洁回忆："因为父母都有留苏的经历，两人在家也保留了西式的礼仪，出门或回家的时候都会拥吻。偶尔电视上播放他们喜欢的曲目时，两人还会挽起手跳上一段。"

在彭洁的印象中，父亲彭士禄仅做过一次饭。那时，他们因父亲工作调整，全家搬到了武汉。有一次，父亲带着全家人回广东。因为工作需要，父亲单独先回了武汉。等他们再回武汉时，是父亲去接的他们。到家以后发现父亲早已经做好了饭，是一大锅年糕汤。"那个

1973 年，彭士禄与女儿彭洁在武汉合影

汤真的很好喝，那顿饭我们吃得很香，那是父亲唯一一次下厨做饭。之后父亲还悄悄地告诉我一个小窍门儿，多放味精汤的味道更鲜美。"彭洁说道。

到主席台去找父亲，结果被轰下台

彭士禄自从上了核潜艇这艘"船"，就处于忘我的工作状态。不论是从 1961 年开始，核潜艇项目因多种原因暂时下马，只保留一个50 多人的核动力研究室，还是到 1965 年，搁置多年的核潜艇项目重新启动，彭士禄一直沉浸在自己的核动力世界里，没任务就组织研究室成员学习专业知识，打牢知识基础，有任务就抛家舍业，一头扎进"海里"，家里的生活起居都是由妻子操持。

"作为父亲背后的女人，母亲为家里付出了很多。我母亲的专业能力也是非常强的，在北京的时候，母亲在北京化工学院（现为北京工业大学）教书，学生们都很喜欢她。当得知母亲要放弃北京的教学工作，选择跟随我父亲去四川的时候，学生们都很不舍。我们离开北京的那天，母亲的学生都来火车站送行，临告别的时候母亲与学生相拥而泣。"彭洁回忆道。

因为母亲留学所学的知识也与核动力相关，在入川后不久，母亲也投入到核动力事业中，无人照料的彭洁和哥哥几乎见不到父亲的面，偶尔母亲能回来看他们一次。

"有一次大喇叭广播，让所有人到操场集合，大家都去了。我看到父亲站在主席台上，因为很久没看到父亲，我很想念他，于是我跑上主席台刚想跟父亲说话，父亲却说：'我们正在开会，你赶快下去。'我感觉我像是被轰下台一样。现在说起来都很好笑。"

在四川时，彭洁因为经常生病缺了很多课，不会除法。"印象中父亲对于我功课的指导只有一次。那天我在家里写作业，父亲突然开门回家拿东西，看到我便问在干什么？我说在写作业，但我不会除法。父亲拿完东西临走的时候，跟我说了一句，你把乘法倒过来算就是除法。"对于子女的学业，彭士禄没有过多的要求，尽力就好，但有一条是要铭记的：认认真真做人，踏踏实实做事。

我对得起毛主席和周总理

"我给彭部长当秘书，在第一次见面时，彭部长知道我也是学化工机械专业出身的，便让我把手伸出来看我右手食指是不是斜（瘪）

的。因为学这专业的人，平时画图比较多，手指会变形。彭部长也是长期握笔画图，右手食指有点变形。这种专业上的认同感，顿时让我倍感亲切，拉进了我们之间的距离，缓解了我当时紧张的情绪。"从 1986 年 11 月便开始跟着彭士禄走南闯北的秘书叶向东回忆道。

在核潜艇建设阶段，彭士禄最感动的一次是当反应堆功率提到 10% 左右，输出的电把灯泡点亮了，那一刻彭士禄热泪长流，虽然当时还没到 100% 功率。"彭部长那时说：'我对得起毛主席，对得起周总理，对得起蔡妈妈。毛主席说核潜艇一万年也要搞出来，我们现在 5 年就搞出来了。小叶，周总理在重庆对我的叮嘱，蔡妈妈在延安对我的叮嘱，我都实现了，他们知道都会高兴的。'"叶向东回忆起和彭士禄共事的经历兴奋地说。

在叶向东的眼中，彭士禄是一个心胸宽广、乐观向上的人。彭士禄有句名言："知足者常乐，常乐者长寿，长寿者烟酒茶不分家。"在叶向东看来这句话蕴藏着上下级之间关系平等的理念，大家在一起其乐融融："彭部长脾气好，没架子，始终与人为善，他的茶、酒你可以喝，烟你可以抽，在工作中很难碰到这样重感情的领导。"

喝酒不谈工作，敬酒不站起来

随着国家改革发展的需要，发展核电成了国家关切的事。因此，彭士禄再次披挂上阵担任了秦山核电二期的董事长。他把搞核潜艇研究的经验与在大亚湾学习的法国核电站的管理经验结合起来，用在秦山核电二期的建设上。彭士禄总结推行三大控制：一是投资控制，二是进度控制，三是质量控制。彭士禄亲自推演数据，从秦山核电二期的主参数开始算起，燃料组件怎么算，多少钱，买哪个厂的核燃料……他清楚每一项数据。"应该说，秦山核电二期目前仍然是全世界发电成本最低的核电站。"叶向东说。

彭士禄在秦山核电二期任董事长期间，时刻心系职工，为职工谋福利。"彭董事长和于洪福总经理接受了我这个术后正在化疗的重症病人，并在3个月后的董事会上任命我为秦山核电二期副总经理。"在秦山核电工作多年，任命前曾任秦山核电一期副总经理的方诗经，在谈及对彭士禄的印象时说，"分工后，彭董事长召我进京谈工作，让我协助于洪福工作，重点是要关心员工生活和待遇，要把生活区征地和配套设施抓好，争取早点开工。彭董事长还说，'民以食为天，居者有其屋'，要按政策创办些收益好的项目，改善员工生活。"

在谈完工作后，彭士禄邀请方诗经等人吃饭。席间，彭士禄对方诗经说："喝酒不谈工作，敬酒不站起来，你在术后恢复期，你的酒我来代。"简短的几句话让方诗经非常感动，眼睛都湿润了。

1989年，秦山核电二期建设时期，彭士禄（中）在现场

怎么我又得奖了？奖金不要，给国家

彭士禄一生淡泊名利，不计得失：不知道自己的工资是多少；把大房子让给别人，自己住小一点的房子；内心总是很知足。

2017年，彭士禄获得何梁何利基金年度最高奖项——科学与技术成就奖。那时的彭士禄已经住院，彭洁去医院看望父亲，并告诉他这个好消息。结果彭士禄得知自己获奖后表现出很惊讶的神情：我怎么会得奖呢？

由于患病，当时的彭士禄已经不能很连贯地说话了，但常年陪伴父亲的彭洁对父亲的一举一动都心领神会。"我告诉父亲奖金是100万港币，问他打算怎么办？父亲说'不要'。'那不要给谁啊？''国家。''国家那么大，得有个部门啊。''给组织。''您的组织是中核集团。''那就给中核集团。'"就这样彭士禄把自己获得的奖金捐给了中

彭士禄院士获得的2017年度何梁何利基金科学与技术成就奖证书

核集团，以培育更多的科技人才。

2020年，彭士禄获得第十三届中国光华工程科技成就奖，他当时就表示继续捐献奖金。但很遗憾，颁发奖金的时候彭老已经不在了。"我在想，如果父亲还健在，我跟他说起奖金的事，父亲肯定还是一脸疑惑表情，怎么我又得奖了？奖金不要，给国家，给组织。"彭洁若有所思道。

我把贝壳门帘亲手送到恩人手里

北京—辽宁，相隔千里，却连接着彭士禄的一份牵挂，一份特殊的"亲情"。

1979年8月1日，出身于海边普通工人家庭的黄海燕失去了年仅51岁的父亲。其父亲生前曾经是一位参加过解放战争、抗美援朝战争的老战士，在战场上多次负伤，后在辽宁某造船厂工作。作为家里的重要劳动力，父亲的突然离世，对一家人来说好比天塌地陷。

黄海燕的母亲曾多次去找厂领导，希望组织上能帮忙解决家庭困难。但当年，中国正处在计划经济的年代，招工指标严格受控，厂领导虽然有心帮忙，但确实无法给予承诺。当时，彭士禄作为该厂的上级领导经常来指导工作，一次机缘巧合，黄海燕的母亲找到了彭士禄，并诉说了自己的处境。"听完母亲的叙述后，彭伯伯当即翻遍自己的口袋，掏出身上所有的钱，塞到了妈妈手里。随后，他指示厂领导按特殊情况尽快解决我的工作问题。同时，为缓解我们家的生活压力，彭伯伯与厂里的几位领导商量后决定，他们一起分别认养我们姐弟几个。母亲得知这一决定后感动得热泪盈眶，久久说不出话来。"黄海燕说。

彭士禄（中）与女儿彭洁（右）及黄海燕（左）合影

　　就这样，北京—辽宁之间架起了一座温暖的桥梁。为了感谢彭士禄对他们一家人的照顾，黄海燕受母亲所托特地到北京当面感谢彭士禄。"我到北京的那天，彭伯伯因工作原因不在单位，是淑英伯母把我接到家中。进了家门后，我迫不及待地把一挂用小贝壳编织而成的门帘双手捧给伯母。我对伯母说，这是母亲和我们姐妹从海边一颗一颗捡来小贝壳，又一颗一颗穿制而成的小门帘，礼物虽轻，但每一颗都凝聚着我们全家对彭伯伯的感恩之情。伯母高兴地收下了这个礼物。"黄海燕回忆道，"离开北京时，伯母早已给我备好了很多礼物，还买好了火车票并亲自把我送到火车站，目送我踏上归途。当列车开动的那一刻，我的眼泪禁不住流下来。那次北京之行，让我永生难忘。"

　　从此以后，黄海燕结婚、生子，只要经过北京都会拜访彭家。而彭士禄及其家人每次都待她亲如一家。

想吃蛋糕就找"小朋友"

彭士禄晚年时光多半是在医院度过的，但他与其他病人不同，他每天都过得特别开心，常常与看望他的家人、照顾他的护工开玩笑。就连主管彭士禄的医生都说彭老是最幸福的人，每天都乐呵呵的。

彭洁记得自己的女儿小的时候很喜欢吃一款蛋糕，父亲下班经过蛋糕店的时候都会给小朋友买上一块。等彭洁的女儿长大了，就反过来照顾彭老，每次去医院看"老朋友"的时候，"小朋友"都会带上蛋糕，有时是三块，有时是四块，两个护工一人一块，"老朋友"一块，"小朋友"一块。

逢年过节的时候，彭洁就和家人在家准备好饭菜，煮好饺子，每次一定会带上父亲爱吃的红烧肉，全家人把所有的饭菜打包带到医院，一家人其乐融融吃团圆饭、过新年。每次彭士禄都能吃上几块红烧肉，但想再吃的时候，家里人统一意见不给吃。"父亲那个时候就会像受了委屈的小朋友。我们不是不孝顺，是怕父亲吃多了身体吃不消。"

两位老人说要成立赖皮协会

彭士禄总挂在嘴边的话，就是不要给别人添麻烦，但对于女儿彭洁，彭士禄却用得"很顺手"。"我开玩笑跟父亲说，您看我又给您当秘书，又当参谋，您就给封个官当当呗！""那就封你个参谋长吧。""我这个参谋长下边得有兵吧？""他们俩当你的兵。"彭士禄看着两位护工说道，话毕四人哈哈大笑。

彭士禄的老年生活简单快乐，曾和他一起共事的老朋友张学亮那时候经常来医院看望他。两人谈天说地，聊到喝酒的事就互相耍赖皮："两位老人说要成立赖皮协会，父亲还给人家封了一个赖皮协会秘书长，两人打趣完还会掰手腕，这是多年共事结下的深厚友谊。"

对于很多人避而不谈的身后事，彭士禄早就做好了打算。他认为生老病死是人生必经的阶段，坦然面对就好，因此他在自己清醒的时候对后事做了三点嘱托：一是不要有医学上的临终抢救；二是后事要简办，不要给组织添麻烦；三是把他和妻子的骨灰一起撒入大海。

生前的彭士禄曾喜欢游泳、下象棋，喜欢喝酒抽烟，会在外孙女弹奏钢琴的优美旋律中附和着轻轻点头打节拍。这样的彭士禄，这样的幸福生活，是他已逝的父亲彭湃想要看到的样子吧——新中国的样子！

彭士禄曾说："我一生做的工作，虽沧海一滴，但就是要为人民做奉献，默默地自强不息地去耕耘，开荒，铺路。"彭士禄正是秉持

彭湃（后）与彭士禄（前排左一）和彭士禄的哥哥（前排左二）合影

着这种信仰和干劲儿，"深潜"于蔚蓝大海，"点亮"了万家灯火。此刻，彭湃夫妇应该已经和他们的"小乖乖"团聚了，他们都会为祖国的今天而感到欣慰……

（《中国核工业报》记者　邢泓琳）

于　敏

不可能有另一种选择

于 敏

（1926 年 8 月—2019 年 1 月）

在氢弹原理突破中起了关键作用。

　　男，河北宁河人，核物理学家，1951 年毕业于北京大学，1980 年当选为中国科学院学部委员。历任二机部第九研究院理论部副主任，理论研究所副所长、所长，院科技委副主任、院高级科学顾问等职。先后三次获国家科技进步奖特等奖，1999 年获"两弹一星"功勋奖章，2015 年获国家最高科学技术奖。

　　他是我国氢弹理论研究的主要负责人之一，在我国氢弹原理突破中，解决了热核武器物理中的一系列基础问题，提出了从原理到构型基本完整的设想，起到了关键作用。20 世纪 70 年代起，他在倡导、推动惯性约束聚变等高科技项目研究中发挥了重要作用。

于敏，在中国氢弹原理突破中解决了一系列基础问题，提出了从原理到构型基本完整的设想，起到了关键作用。

钱三强认为他"填补了中国原子核理论空白"。获得诺贝尔物理学奖的朝永振一郎称他是"中国的'国产土专家一号'"。同样是诺贝尔奖得主的核物理学家玻尔说他是"一个出类拔萃的人"。媒体记者说他是"中国的氢弹之父"。

但他们口中的这位主人公，却很排斥"氢弹之父"的说法。

于敏说："核武器的研制是集科学、技术、工程于一体的大科学系统，需要多种学科、多方面的力量才取得现在的成绩，我只是起了一定的作用，氢弹又不能有好几个'父亲'。"他的儿子于辛在被采访时也一再说，不管是在父亲自己，还是在家人眼中，他都是个普通人。

于敏确实也有像普通人一样的爱好，比如看京剧，打桥牌，看中国女排的比赛。他专门订阅了京剧杂志，和邓稼先是"票友"。不过即便是玩，他超常的数学头脑也派上了用场："他这个人极聪明，一把桥牌到他手上，他立刻就能算出他赢的概率，会赢在哪张牌上，大家都不用玩了。"

因学习太突出而转校

即使成家立业、成为理论物理学家后，于敏也没有忘记小时候的求学经历，经常向他的孩子谈起自己上学时的老师和同学们。

1926年，于敏在河北省宁河县芦台镇（现属天津市）出生，在芦台镇上完小学后，到天津的河东中学读初中，高中时进入天津木斋中学。在木斋中学，一次学校突然袭击进行摸底考试，绝大多数同学不及格，于敏不但考得好，还显示出极强的推理能力。老师刘行宜觉得

童年时期的于敏

好苗子不能耽误，就推荐并帮他转到当时天津最好的学校之一——耀华中学读高三。

在耀华中学，两位老师对于敏影响很大。一位是语文老师王守惠，奠定了于敏的古典文学功底和人文素养。另一位是数学老师赵伯炎，喜欢讲授题目的各种解法以及来由，要求学生不仅要知其然，而且要知其所以然。

于敏养成了对古典文学的爱好并坚持一生。于辛回忆，父亲喜欢读唐诗宋词和历史，崇拜诸葛亮、岳飞、林则徐。晚年闲暇之余，于敏教孙子的第一首诗词是岳飞的《满江红》。

受资助学工科，但还是喜欢搞理论

1944 年于敏即将高中毕业时，他父亲因病失业，家里唯一的经济来源断了，于敏面临辍学。这时候，他有一位要好的同班同学陈克潜，回家把情况和父亲说了。陈克潜的父亲陈范有是一名爱国实业家，当时担任启新洋灰公司协理。陈范有以公司的名义资助于敏上大学，但对于敏提了个要求——学工科。

于是，于敏考上了北京大学工学院电机系。而陈克潜去了上海交大。他们天各一方，在动荡的岁月里一度失去联系，直到20世纪60年代，一次偶然的机会才得知彼此下落。后来在于辛的记忆里，陈克潜和父亲几乎每年都要相聚、畅谈。

在北大工学院，物理、数学等学科的讲授很简单，"能用就行"，而于敏偏偏喜欢刨根问底，追究背后原理。他感到很不适应。

两年后，他得到了政府资助的助学金，就谢绝了启新洋灰公司的资助，转到了理学院的物理系。

于敏借什么书，大家就跟着借什么书

于敏到理学院后如鱼得水。当时按学号公布成绩，学号1234013经常名列第一。老师和同学都知道这个学号是于敏。他是大家口中的"北大多年未见过的好学生"。

他的数学好到什么程度？一次近世代数考试，张禾瑞先生出的题目非常难，数学系学习最好的学生只得了60分，选修这门课的物理系学生于敏却考了100分！同学会在图书馆的借阅记录上看他借了哪本教科书，于敏借什么书，大家就跟着借什么书。

1949年于敏毕业后留校读研究生兼任助教，师从张宗燧、胡宁两位先生。张先生说：从来没见过学物理像于敏这样好的。

他学习如此了得，有天分，更离不开苦功。大学期间，寒暑假他没有路费，无法回家，就留在学校学习。那时北京大学理学院坐落在景山东街马神庙，夏天时学校里太热，于敏就跑到景山顶上乘风学习。

一次学习经验交流会上，于敏说他的经验是每年寒暑假中都反复看《理论力学》《电磁学》。有一次暑假，他手捧一本热力学书对同学说：看完第四遍，终于看懂了！喜悦之情溢于言表。

作为超级"学霸"，人缘非常好

1949年，本科临毕业的时候，于敏得了伤寒，引起肠穿孔。一开始给误诊了，病情很危急。时任北京大学教务长的郑华炽教授当即请北京大学医学院院长胡传揆教授组织医疗力量全力抢救。

在医院需要输血，物理系的同学们闻讯后一下子就赶到医院，去了二十多个，排队验血型，准备为他献血。打青霉素的消炎针很贵，大家又纷纷给他捐款，后来又轮流照顾他。毕业后，他们同班同学每年都会相聚。于辛说，这份同学情谊、师生情谊，教父亲学会感恩。

不论转学到耀华中学，还是上北大，作为超级"学霸"的于敏没有受到任何排挤，反而人缘非常好。因为同学需要学习上的帮助时，他总是放下自己的事情，耐心解答别人的问题，倾尽所有、毫无保留地分享经验，让人弄懂为止。

后来到了研究工作中，同事给"老于"总结了"三不论"：不论时间地点，不论范围领域，不论深浅难易，于敏对别人的问题都是知无不尽、言无不详。

于敏眼中只有教学相长、解决问题，而没有半点好为人师的念头。一次一个同事的问题于敏解答完了，然后又说这方面还有谁比我强，我推荐你再去问问他，并且替这位同事联系到那位同志。再见面时，于敏还问，那个问题你问得怎么样了？这位同事后来对于辛说，其实于敏推荐的专家和于敏自己回答的是一样的。

"他是始终帮助大家一起向前去的那种人。"于辛说。

不可能有另一种选择

1951 年研究生毕业后，于敏被钱三强、彭桓武调到了中科院近代物理研究所。20 世纪 50 年代后期，于敏在原子核理论研究方面渐入佳境，发表了很多高质量的论文。短短的几年内，他和同事们就把研究工作带到了国际前沿。

1961 年 1 月的一天，钱三强把于敏叫到自己办公室，非常严肃地告诉他：他已经被国家选派参加氢弹理论的预先研究。

从此，于敏放弃了即将面临突破的原子核理论研究，转入了氢弹原理研究和核武器研制。

对他个人而言，这次转向是很大的损失。于敏一直喜欢做基础研究，而核武器研究不仅任务重、集体性强，还意味着他必须放弃光明的学术前途，隐姓埋名，长年奔波。

"国家兴亡，匹夫有责"，于敏觉得自己不可能有另一种选择。

1965 年 9 月底，于敏率领团队赶在国庆节前夕奔赴上海华东计算技术研究所，利用该所放假期间空出的 J501 计算机（运算速度为每秒 5 万次）完成了加强型原子弹的优化设计。

于敏记忆力惊人，他领导下的工作组人手一把计算尺，废寝忘食地计算。他日夜埋头在机房，从大家计算的模型中找出三个典型，再带头分析，最终形成了一套从原理、材料到构型基本完整的氢弹理论方案。

1966 年 12 月 28 日，氢弹原理试验取得圆满成功。1967 年 6 月 17 日，我国又成功进行了全威力氢弹的空投爆炸试验。从第一颗原子弹爆炸到第一颗氢弹试验成功，中国的速度为世界之最。

颐和园、电路图

他的家人对他从事氢弹研究那时是一无所知。于辛只记得，每次叔叔们来家里找父亲，他和姐姐就要躲出家门。"只要家中来人，爸爸就会把我们赶走。"

于敏晚年曾对孩子说，可惜没时间教育你们，也很后悔，希望你们理解。于辛说："我们都理解父亲，他当时的压力太大了。"

很长一段时间，于敏天天回家都皱着眉，一进屋就看书。经常很晚才回来，天不亮就走了，到吃饭的时候也见不着他。有时候半夜他还突然起来，披着衣服写东西。

工作压力大，但"从没看到父亲在家里发过火"，于辛说。他能从一些细节上体会到爱。比如出差回家以后，父亲会首先问问他和姐姐的情况。

于辛上小学的时候，一家人去颐和园玩，颐和园的长廊上面有一些画，每一幅画都有一个故事。于敏博览群书，对历史典故信手拈来，"就像一本百科全书，有说不完的故事"。他讲给孩子们听，走完这个长廊，听完这些故事，一上午就过去了。现在于辛去颐和园，走在这个长廊里就会想起父亲。

读高一的时候在学校学画电路图，串联并联应该怎么判断，于辛搞不明白。回到家，"我爸教我一个方法，我一下子就明白了"。虽然孩子一点拨就见效明显，但于敏基本没时间辅导孩子的功课。

于辛对此并不觉得遗憾："很多东西不是靠说教，是靠言传身教，我们潜移默化地学到了很多东西。"

报答平生未展眉

"父亲遗憾的事，一是没能从事自己喜爱的基础研究，二是对家庭，特别是对我母亲的亏欠。"于辛说。

在于敏担起国之重担的时候，于敏的爱人孙玉芹则挑起了家庭的重担，做出了牺牲。她很喜欢旅游，但是因为不放心于敏的身体，只能在家照顾他。在于辛的记忆里，爸妈从来没有吵过架。

于敏夫妇是在天津经于敏的姐姐介绍认识的。他们俩相处，其实"和普通的老头老太太一样"。于辛记得，有一次母亲说过："没有想到，老于是做这么大事情的。"

孙玉芹突发心脏病送去医院的时候，于敏瘫倒下来，坐在地上半天起不来。妻子的去世，给于敏的打击很大。

虽然很少说，但儿女们能看出他对妻子思念至深。怕父亲痛苦，

于敏孙玉芹夫妇合影

于辛曾把母亲的一些照片收起来，但是隔一段时间父亲又给找出来放回了原位。

于敏曾在央视的采访中用一句诗表达对妻子的感情："报答平生未展眉"。

唯一的一次拍桌子

于敏最喜爱的格言是"非淡泊无以明志，非宁静无以致远"。他曾经对这句话做过一个解释，作为一个科技人员，应该"不为物欲所惑，不为权势所趋，不为利害所移，始终保持一个严格的科学精神"。

他确实是这么做的。1970年在青海，因为几次实验未能观察到预期现象，于敏被迫参加"学习班"。"文革"中的军管领导胁迫于敏将某次试验中的技术问题定调为科研路线问题，于敏并未屈服，反而在会议上挺身而出，拍案而起，厉声表示自己绝不会违背科学规律随声附和。要知道，当时的情况下，一不小心就会有生命危险。这是他唯一的一次拍桌子。

与于敏深交并共事三十余年的邓稼先说："于敏是很有骨气的人。他坚持真理，从不说假话。"

80年代中期的一次热核试验前，前方几千人已经做好了准备，于敏在夜里突然想到，一个物理参数可能会影响这次试验的成败。他天一亮一上班就赶紧组织人去计算，同时给国防科委打电话，为了万无一失，要求暂停核试验。

这种时候提出重新计算，对于于敏自身的权威其实是一个很大的质疑。但他想的不是这些，而是如果试验失败了对国家的影响，所以他宁可挨批评也要叫停。叫停以后经过运算，试验参数没有问题，决定继续，试验圆满成功。

民族情感是我的精神动力

于敏一生中有很多机会，可以去做自己喜欢的基础研究，但他最终还是放弃了，隐姓埋名28年，只为了这份祖国所托付的沉甸甸的事业。他说："如果国家需要，我还会义无反顾。"

在于辛看来，父亲身后还有一批这样能力卓越、纯粹奉献的人：学术成果不能公开发表，贡献也不为人所知，也没有院士等头衔。他们真的就是排除了各种杂念，不图名不图利，就为了国家，为了这个事业。

回望那次改变他一生的选择，于敏曾说："中华民族不欺负旁人，也不能受旁人欺负，核武器是一种保障手段，这种民族情感是我的精神动力。"

从内乱外侮的年代走过来，为抵抗新中国面对的核威慑，于敏站了出来，和他的同事们一起，以尖端科技铸剑，驱散乌云，护山河太平。"怒发冲冠，凭栏处，潇潇雨歇。抬望眼，仰天长啸，壮怀激烈……"

（《中国核工业报》记者　李春平）

周永茂

致力于用核技术攻克癌症

周永茂

（1931 年 5 月—　　）

领导了民用微堆的开发、利用。

男，浙江宁波人，核反应堆工程专家，1955 年毕业于上海交通大学，1995 年当选为中国工程院院士。历任中国科学院原子能研究所研究室副主任，核工业部九〇九基地副总工程师等职。1985 年、1987 年两次获国家科技进步奖一等奖，1978 年获全国科学大会奖。

他长期在反应堆工程和科技第一线从事设计、研究和建设工作，承担并完成了国家交给的许多核科研任务：完成"双流程堆芯"潜艇核动力堆本体的早期设计方案；主持开展为生产堆、动力堆、游泳池堆的燃料元件与氚靶元件的首次国产工艺定型工作；参与高通量堆设计建造和工程的重大决策，该堆的设计特色，国外尚无先例；核工业二次创业期间，领导民用微堆的开发，该堆在国内外各建造 4 座；目前正和北京天坛医院协同推进恶性脑胶质瘤的 BNCT 临床试治。

早上 7 点半，90 岁高龄的中国工程院院士周永茂，准时出现在中国中原对外工程有限公司的办公楼。在食堂吃过早饭后，他回到办公室开启新一天的工作。

我是"自投罗网"

中国中原的年轻人在电梯里遇到这个精神矍铄、眼神坚定、面容和蔼的老人时，最初都会感到惊讶，有的甚至激动地回去告诉家人："我们单位有一个特别老的'同事'！"后来，大家都知道了他就是周永茂院士，"周院士天天按时来上班，咱们年轻人不能输啊！"

周永茂是核工业功勋奖章获得者之一，长期在反应堆工程和科技第一线从事设计、研究和建设工作，也领导了民用微堆的开发、利用。1995 年当选院士时，周永茂 64 岁。他选择继续坚守在科研第一线，只为了能再尽一份力量，把当时国内鲜有人知却关乎国人生命健康的硼中子治癌（BNCT）技术推进下去。让周永茂魂牵梦萦的BNCT 是国际最先进的癌症治疗手段之一。"我是'自投罗网'。我就想用核技术攻克癌症这一当今医学难题，让老百姓的健康更有保障。"

面临险境时，人民需要的不是专家，
而是一个能上战场的士兵

周永茂出生于浙江镇海，童年时期经历过租界生活与日伪统治，也经历过抗日战争。"我家住上海法租界的时候，冬天早上一出门，就能看到街上有冻死的穷苦人。"他亲眼见过、也体会过老百姓的疾苦，从小就想为国家、老百姓做点事情。

周永茂在南洋中学学习期间，学校的一位老校友、共产党早期

工程制图是上海交大的必修课，图为正在绘图的周永茂

党员吴亮平来做过一次报告。那时上海解放不久，说到如何建设新中国，吴亮平说："为人民服务一要有本领，二要全心全意。"其他的报告内容周永茂已经记不清了，但这句话成为他此生的座右铭。他不断积累、磨炼着自己的本领，立志要到祖国最需要的地方去。

1951 年，上海高校恢复四年制正规学制，周永茂考取了被称为"工程师摇篮"的上海交通大学，进入机械制造系。周永茂说，选择学机械，就是想贡献自己的力量，让国家的制造业强大起来："在租界，我看着西方列强在中国的土地上横行霸道；在日伪时期，我尝过亡国奴的滋味，经历过日本的飞机、大炮对上海的狂轰滥炸。我希望祖国能造出坦克、飞机、大炮，让国家强大起来，不再被欺辱、被侵略。"

周永茂在上海交大读书时，时任水利部副部长钱正英来做过一次报告。她讲到治理淮河期间的一次巡视，她走到堤岸边突然发现堤坝开裂漏水，若不立即处理，有造成决堤的可能。"她是一个看起来有些瘦弱的女士，但面对紧急情况，竟然跳进水中，一面用瘦弱的身躯堵住裂缝，一面催促岸上的人赶紧派人前来处理。"周永茂对钱正英的报告印象深刻，钱正英那次在水中守了近八个小时，直到危机解除。"在面临险境时，人民需要的不是专家，不是首长，而是一个能上战场的士兵。"钱正英坚定的话语，加深了周永茂对家国责任的理解。

钱三强说，你们要做高转速轴承，这么高的技术我没搞过

大学毕业时填写志愿，周永茂郑重地写下：服从分配，到祖国最需要的地方去。恰在此时，苏联成功建设世界上第一个原子能发电站的消息传到中国。威力无穷的原子能还可以造福人类，周永茂感到非常振奋。但他没有想到，自己会成为新中国原子能事业建设大军中的一员。

1955 年，中国的原子能工业开始起步，钱三强奉周恩来总理指示，到全国高校选择优秀毕业生到核工业工作。在上海交大，钱三强挑选了十名应届毕业生，周永茂是其中之一。虽然十分希望到机器轰鸣的工厂去实现制造"工业母机"的理想，但他也感到很荣幸，祖国的原子能事业选择了自己。

来到二机部和中科院共属的物理研究所（中国原子能科学研究院前身）后，周永茂和其他来自上海交大机械系的同学一样，心中隐隐忐忑，不知道自己学的机械制造专业，能否胜任核物理研究工作。所长钱三强似乎看穿了他们的心思，与他们进行了一次谈话。

"钱三强开门见山地告诉我们，机械专业在国家核武器研制中非常有用，因为用来分离铀 -235 同位素的离心机轴承一分钟要转几万转，但当时中国没有能承受这么高转速的轴承。'靠谁做？靠你们这些学机械的大学生。我是搞基础物理的，这么高的技术没搞过。'"钱三强的话不仅打消了周永茂的顾虑，也让他更感自豪。

莫斯科是他梦想起飞的地方

1956 年秋天，周永茂被中科院和二机部选中，成为留苏进修核工程专业的 40 名学员之一，登上了开往莫斯科的专列。

1956 年，周永茂在莫斯科留学时期留影

一年的课程安排非常紧凑。在语言不通、专业不符的情况下，周永茂在核动力装置专修班一共修完热传导学、物质结构学、中子物理学与堆物理计算等十门课程。

采访中，周永茂对莫斯科那段紧张的学习生活表现出深深的怀念。他说，那里是他梦想起飞的地方。"莫斯科留学给予我最大的收获是人生目标的确立，从那时起我就认定，这一生就是搞'原子能'这个东西了。既然要搞，就要专心致志，心无旁骛，一定要做出成绩。"

我全身的热血都在沸腾，拼命地鼓掌

一年 365 天，除了寒假受学院委派，参加了一次世界青年联欢节外，周永茂一次都没有离开过学校。他学习非常刻苦。他就读的动力学院离苏联著名的国立莫斯科鲍曼技术学院不远，乘两站有轨电车就可以到达。鲍曼技术学院是苏联最古老且成就最高的科技大学，其地位类似于美国的麻省理工学院。周永茂非常想去看看，但这个愿望直到离开莫斯科都没实现。

1957 年，毛泽东主席率领中国党政代表团出访苏联，专程去莫斯科大学看望中国留学生和实习生。"我们看到毛主席向我们挥手致意，声音洪亮而亲切地对我们说：'世界是你们的，也是我们的，但是归根结底是你们的。你们青年人朝气蓬勃，正在兴旺时期，好像早晨八九点钟的太阳。希望寄托在你们身上……'我全身的热血都在沸腾，拼命地鼓掌。"60 多年过去了，回想起当时的情景，周永茂仍心潮澎湃。

核技术破解了很多难解之谜

从核潜艇起步，周永茂一路参与了核动力研究堆、重水堆等的研发工作。20 世纪 80 年代，他又参与到核工业的二次创业，推动核能"走出去"。"871"工程期间，远在阿尔及利亚的周永茂收到了国内的来信，他的母亲因患癌症离世。为了尽快实现祖国的核能出口，远在海外的周永茂错过了与母亲最后相见的时机。他将亲人离世的悲痛深藏，全身心地投入核工业建设的使命中去。而母亲罹患癌症去世，也正是他后期投身核技术应用研究领域的诱因之一。

"你知道核技术可以用来破案吗？核技术在国计民生中的应用范围很可能超出你的想象。"说起核技术应用，周永茂的眼神里永远闪着光，有趣的知识一个接一个抛来，"只要有一小缕头发或者一点点皮肤碎屑，利用微堆的中子活化分析，我们就可以分析出你身体里含有哪些有毒元素、营养元素和比较稳定的中间元素。这在历史上曾破

周永茂在"871"工程反应堆主厂房前留影

解过牛顿、拿破仑和肯尼迪的死亡疑案，光绪是不是被毒死也是由我
国微堆给出肯定的科学结论。"

核技术检出地方病

　　周永茂说，在现代社会，微堆不仅可以通过中子活化分析帮助公
安部门侦破案件，在监测、发现地方病、疑难病，以及探究病因等方
面，也发挥着越来越大的作用。周永茂的老伴儿是小儿科医生，曾经
参与核工业401医院到舟山渔民那儿组织过的一次儿童病检测。因为
收费不多，每人20元钱，几百个渔民抱着小孩排队等待。他们只需
把孩子的头发剪下一点带回北京，拿到反应堆化验，几天时间就把几
百个化验都做完了，发现当地孩子缺锌。家长们对症下药，给孩子们
服用补锌剂，果然解决了孩子们咬指头、啃指甲的问题。

　　此外，微堆在医疗保健方面也具有很大潜能。"血管里的斑块是造成血栓，引起冠心病、心绞痛等疾病的原因。利用中子俘获技术可以通过把硼元素打到斑块上来把斑块消除，从而清除淤积。"周永茂对此如数家珍，"同样利用中子照射，还可以用来治疗风湿性关节炎、消除器官移植后的排异反应……有很多可以应用的潜在场景"。

中子俘获疗法，在中国的进展不尽如人意

60 多年前刚加入原子能所时，钱三强组织大家看了电影《居里夫人》。影片里居里夫人为了提炼镭，皮肤被灼伤，居里先生跟居里夫人说，既然射线能把好的皮肤辐射烂，那反过来，也一定会把癌烂的皮肤辐射好。"放射性物质能致癌亦能治癌"，这是周永茂对于核技术治癌最初的启蒙。

"国际上每隔十年，中子技术的应用都会有一次从科研到生产力的转变飞跃。"周永茂始终关注着国际上研究堆的发展方向：上世纪 50 年代，中子应用在放射性同位素的生产上；上世纪 60 年代是辐照；上世纪 70 年代是中子活化分析；上世纪 80 年代是单晶硅嬗变掺杂；上世纪 90 年代就是中子俘获疗法。但作为交叉学科，推进中子俘获疗法需要多方协同，在中国至今进展不尽如人意。每每提及此，周永茂都会有些着急："在西方国家，这项科研发展很快，美、欧、日等国共有十多座研究堆为百姓治疗。与我们同时起步的台湾在 2008 年到 2010 年三年的时间内，就有十位头与颈部癌症患者接受了中子俘获疗法，走在大陆前面。"

这正是中国奋起直追的窗口期

2010 年，周永茂牵头开发出我国大陆首台也是迄今唯一一台具

有完全自主知识产权的医院中子照射器。2014 年，我国首例黑色素瘤病患的硼中子俘获疗法临床试治研究在医院中子照射器上成功获得实施，达到预期验证目标，填补了核行业里这个课题的空白。直至目前，医院中子照射器共接受了 3 例黑色素瘤病患 7 次临床照射，积累了首批可贵的硼浓度在癌组织、正常细胞与血液内随时间分布的资料。

过去多年，中国大陆的中子俘获疗法与国际差距甚为明显，"这正是中国 BNCT 奋起直追的窗口期"。周永茂说，"中国大陆只有我们一个自发的多家联合团队在做这项科研，亟须国家的相关发展计划、临床项目与资金支持"。

一家四口住在 64 平米的老楼，却把 20 万港币悉数投入科研

2000 年，周永茂获得了何梁何利基金科学与技术进步奖，他丝毫没有犹豫，将 20 万港币的奖金悉数投入科研。而那时，他们一家四口住在一个 64 平米的老住宅楼的六层，年近 70 岁的老两口上下楼非常不方便。"别人说我得的奖金，当时足够在北京找个不错的小区买一套大三居的房子。但那正是硼中子俘获治癌研究资金紧缺的时候。"周永茂说，那次没换成房子，他知道家里人有些遗憾，但更多的还是理解与支持。"尤其是我的妻子，这么多年，工作上的事，一直是无条件地支持我。"

周永茂的妻子陶碧玉最初在中国人民解放军上海第二军医大学当医生，1958 年两人结婚，一年后，她离开自己熟悉的繁华上海，离开自己喜欢的工作环境，随丈夫一起调到了初建的中国原子城职工医院。

周永茂和妻子陶碧玉合影

拿着 20 倍的放大镜读科研资料

生活中，周永茂是一位温情而随和的长者。闲暇时，他会和老伴儿手挽着手在小区里散步，两位年近 90 岁的老人互相依偎着忆往昔岁月，也笑看云卷云舒。

"现在我眼睛不太行了，这样面对面坐着，其实只能看到你的轮廓，看不清你的具体样貌。"周永茂的助手崇奕峥每天把院士需要的文件用三号字打好，看的时候，周永茂总是拿着一个 20 倍的放大镜，凑近了一点点细看。

你要坚持下去，不然这项科研会有断档的危险

崇奕峥说，每次自己去外地出差，周永茂都会提前查好当地的天气预报，提醒他带好合适的衣物、注意保暖或防暑。崇奕峥说，在周

院士身上，爱国主义、科学家精神都有了具象的内涵。"他像一个火把，坚守着核技术治癌事业，并用这份热情与执着带动着一个个身边人。"

周永茂说，研制医院中子照射器的过程得到了很多人的帮助。"有一次彭士禄见到我后很关心地问：'小伙子，你的专项搞得怎么样了？'赵仁恺去世前我去看望他，他叮嘱说：'你要坚持下去，不然，这项科研，会有断档的危险！'"

周永茂说起一路走来的坎坷更多是一笔带过的，当初与他并肩作战、推进 BNCT 临床试治的战友们有的已经离世，而他正带着老友的嘱托，坚定地走下去。

（《中国核工业报》记者　蔡晶磊)

黄胜年

我们就是奠基石

黄胜年

（1932 年 2 月—2009 年 1 月）

在中子物理与裂变物理领域做了大量开创性的系统研究工作。

男，江苏太仓人，核物理学家，1955 年毕业于苏联列宁格勒大学，1991 年当选为中国科学院学部委员。历任中国原子能科学研究院研究员、核工业研究生部主任等职。1978 年获全国科学大会奖。

1956 年 7 月，他从苏联回国后，跟随钱三强、何泽慧两位先生到中科院原子能所，在中子物理与裂变物理领域做了大量开创性的系统研究工作，测定、澄清了（国外有分歧的）核武器与核能发展所需要的一些核数据，先后完成了各种能量中子引起铀、钚、钍核素以及铀-238、钚-240 自发裂变等十多个裂变体系的实验，在铀-238 自发裂变中子数目发布实验中发现了中子数目分布变窄的现象，后来得到国外实验的证实。在没有直接参考资料的情况下，建立方法与装置，完成了我国第一颗原子弹金属铀部件的本底中子测定。

1990 年的冬天，突发的脑溢血和随之而来的偏瘫后遗症，剧烈地改变了黄胜年的生活。他走路只能靠拄着拐杖一点一点地挪动，右手抬不起来也无法再握笔，再加上之前的强直性脊柱炎，腰早就直不起来了，在无人帮忙的情况下，他再也不能独立生活了。

那时，他还不到 60 岁，他的爱人、他的儿子、他的同事，都替他难过。

然而，在这个时候，这位曾经在中子物理与原子核裂变实验研究中取得过突出成果，为我国第一颗原子弹成功爆炸做出过卓越贡献的核工业功勋，他的选择，再次让身边的人惊叹。

凭借顽强的意志力，黄胜年坚持康复，不仅使身体恢复到连医生也认为无法做到的最好状态，而且重新回到原子能院继续工作。在与伤痛为伍、与病魔斗争的后半生中，他还坚持从前的写作，继续创作了大量的旧体诗佳作。此外，为给一度失去方向的自己重新找到生活的方向，他自学五笔，用仅能活动的左手一字一句敲下了讲述自己青少年时期求学经历的书——《未湮没的径迹》。

“胜年”的含义

黄胜年曾经给他的爱人叶宗垣讲过他名字的由来。

黄胜年的名字是他的祖父给起的。他出生的时候，正好赶上抗日战争，一大家子人为了躲避战乱，在祖父的带领下，从老家江苏太仓仓皇逃到无锡乡下，待战事稍停之后，才返回太仓。为此，祖父给逃难时期出生的他，起的小名叫“幸”，学名则叫“胜年”，暗含的希望就是盼着中国在他出生的那年（1932 年）能打赢日本，这样这个孩子就能拥有幸福生活。

真正的抗战胜利虽然 13 年后才来临，但黄胜年对爱人感叹，总算是祖父没有白给他起这个名字。

被围观的全校第一名

自小，黄胜年就比身边人聪明，学习成绩一直非常优秀，考大学时，更是以华东区第一高分入读清华大学物理系。刚进入清华时，经常有其他班的同学去他上课的教室扒着窗户争相看他，大家都好奇这个全校第一名到底长什么样子。不只是学生有好奇心，连老师都有。黄胜年头一次去学校的科学馆做物理实验，好些助教先生也趁机去实验室门口偷偷围观他。很多年后，和同事张焕乔闲聊，无意中提起这些事，他不仅没有得意之色，而且还说，物理系的很多同学，后来工作上都比他出色得多，成就和贡献也比他高得多。

其实，严格来讲，黄胜年并不能算是清华的毕业生。他真正在清华只读了一年半，就被选派到苏联留学去了。

1955 年 6 月，列宁格勒大学物理系中国留学生合影，后排右一为黄胜年

独自测量有毒的铍粉

在原子能所（原子能院前身）二室，黄胜年几十年埋头搞科研，勤勤恳恳、一丝不苟，取得了许多科研成就，更是在没有直接参考资料的情况下，建立方法与装置，完成了我国第一颗原子弹金属铀部件本底中子测定数据，他自己也一路从一名普通的研究实习员，最后成为二室的室主任。

黄胜年在学术上的执着追求和卓越成就，就连同为核工业功勋的张焕乔院士都极为佩服，受过他许多指点的同事周书华更是视他为良师益友。但追忆往昔，他们更赞叹的是黄胜年的高尚品格。一次，裂变组需要用到金属铍粉做光中子源，可是铍是有剧毒的，粉末要是被吸入体内，会对身体造成极其严重的伤害。为了不让别的同志冒险，他等大家下班都走了，悄悄返回实验室，戴上口罩，用塑料布做了一

1994 年在钱三强铜像前，由左至右：杨桢、顾以藩、何泽慧、孙汉城、黄胜年、张焕乔

个简单的防护罩，独自一人忙到深夜完成了工作。

钱三强从原子能院红专小报上读到这件事后非常感动，推荐黄胜年申请中科院院士时，特地把这件事写到了材料里边。

成就很多，奖项却"少得可怜"

黄胜年是个对荣誉看得极淡的人。周书华还记得自己刚到裂变组时，黄胜年跟他说的第一句话就是："我们这儿没有什么发明成果，干的都是基础工作，我们就是奠基石。"当时，说这话的背景是，他们做的许多核数据测量工作都是为国防服务的，不能对外说，更不能发表成果，这需要科研人员有淡泊名利的心境才能做到，黄胜年恰恰是此中的"佼佼者"。

所以，虽然取得了许多科研成果，黄胜年却从不主动申请任何奖项。成了二室的领导之后，他更是多次把获奖机会无私地让给室里的其他同事，导致他虽成就很多，奖项却"少得可怜"。

看不惯的事情一定会仗义执言

黄胜年为人宽厚，待人真诚，业务讨论时哪怕是被下属"直怼"也从不放在心上。但这不是说他是一个没有原则的"烂好人"，相反，他恰恰特有原则，看不惯的事情一定会仗义执言。

串列加速器刚建好还没运转时，二室正好有一段空档期，没有什么科研课题做。那段时间，每天上午10点是休息时间，许多同事打篮球上了瘾，打桥牌的同事也不在少数。大家玩到兴头上忘了时间，室里其他领导都不吭声。可是黄胜年每次看到了，一定吆喝着把他们都喊回去："虽然没有课题做，可我们正好可以利用这段时间多学习呀！"

　　周书华还记得，当时有一个领导对业务研究不太懂，有一次讲话讲错了，别人怕得罪领导不敢当面指出来，可黄胜年不管，他就毫不客气地直言反驳。

文弱书生的运动"天赋"

　　没结婚时，黄胜年、张焕乔、周书华都在一个单身宿舍里住着。工作之余，黄胜年的爱好就是读书。

　　黄胜年出身于书香门第，祖父是秀才，父母亲都是教师，从小受家庭的熏陶，加上他自己的天赋和勤奋，古典文学功底精湛。舍友们回到宿舍，经常看到黄胜年躺在床上，跷着二郎腿抱着一本文学书籍看得入了迷。一次，他还向周书华推荐了一本文言文版的《鉴真东渡日本》。黄胜年对于鉴真和尚不仅要克服沧海淼漫的自然障碍，而且还要面对更为复杂的社会阻力的坚强意志力极为钦佩。可是周书华对文学实在是提不起兴趣，随便翻了几页就还给他了。

　　黄胜年运动神经不太发达，经常被张焕乔和周书华笑话。黄胜年与夫人叶宗垣结婚不久，叶宗垣非要拉着他打乒乓球。黄胜年左支右绌，疲于应付，打得极为狼狈。叶宗垣不小心把拍子打飞出去，黄胜年反应不及，愣是被球拍砸破了脑袋。张焕乔和周书华去医院探望他，知道了事情的原委，乐得直不起腰来。

"诗人院士"

　　深受娄东诗派影响，黄胜年从青少年时期就开始创作古典诗词，

1999 年参加院士大会期间，黄胜年与夫人叶宗垣合影

大部分都收录在《泥湿步留痕》中。他的创作灵感经常是就地取材、信手拈来。去四〇四出差，行程中火车蜿蜒而行，要六渡黄河，他诗兴大发，写了下面这首七绝：

六渡黄河壮此行，
非关出塞自长矜。
一身万里无牵挂，
却伴春风到漠营。

此次西北出行，黄胜年共创作了 11 首七绝，汇总为《西行漫记》。

黄胜年一生创作了大量诗篇，获得了"诗人院士"的美誉。

与病魔缠斗 30 余年

认识黄胜年的人都知道，他特别瘦弱，体重常年只有 80 余斤，这主要是因为他与病魔缠斗 30 余年的缘故。

早年，原子能所从中关村搬迁到房山新镇，黄胜年坐在敞篷卡车上，一趟一趟地搬着各种实验器具和书籍，下车后，身上冻得冰凉。这次搬家让他落下了类风湿性关节炎的毛病，腰越来越疼。黄胜年当医生的大姐说，其实，弟弟当初的腰伤，若是好好休养，不至于越来越严重，可是黄胜年一埋头搞研究就什么都顾不上了。

下放湖北"五七干校"劳动改造期间，怕有腰伤的黄胜年吃不消，作为副班长的张焕乔遇到挑泥塘这种重活儿，会刻意让黄胜年少干点。可黄胜年不但不愿意少做，还抢着干重活累活，张焕乔怎么劝都没用。他这次下放，还是和爱人带着刚出生的孩子一起来的，高强度的劳动之余，他还要照顾家庭和孩子，体力严重透支。

两年的劳动锻炼，很多人的身体更强壮了，但是黄胜年却付出了惨重的代价——健康透支，身体更加羸弱，腰椎变形也越来越严重，到后来完全直不起腰来，只能佝偻着走路。

有两年，黄胜年不得不听从医生的建议，穿上了一件钢板做的"背心"，像上了枷锁一样极不舒服。那时候他骑自行车，身子要起伏，上半身就会被"背心"硌得生疼，他很长时间不能适应。

左手写的英文既工整又漂亮

调到核工业研究生部工作后，由于事多，黄胜年经常要出差，多地奔波，使他常常不能好好睡上一觉，有时候一天仅能睡两三个小时，这对他本就虚弱的身体无异于雪上加霜。

1990年12月，身体不堪重负的黄胜年，在一次接电话时，身体右半部分突然失去知觉，电话从手中滑落，人也摔倒在地。医生诊断是脑溢血，治疗后黄胜年只剩一手一足尚能活动。这次生病比腰伤更为致命，此后至少有半年的时间，他脑子里反复盘旋的念头就是：我这个人还有没有什么用处？应不应该再活下去？

爱人的悉心照料和耐心安慰，让黄胜年鼓起了继续生活下去的勇气。他让爱人给他买来一台二手电脑，花不长的时间，用左手学会了五笔输入法，最后练得居然比瘫痪前两只手打字还要快些。

身体的情况稳定一些后，他就尽力帮研究生部做一些力所能及的事情。曾在原子能院工作的王晨香给他送审稿件时，对他用左手写下的一笔好字留下了深刻的印象："他用左手写的英文，字迹工整，字体非常漂亮。"

陪儿子玩坦克大战

在爱人和儿子黄海峰看来，黄胜年这个一家之长虽然沉默寡言，但对家人是极好的。家里的早饭常年都是早起的黄胜年在做。丈母娘来帮忙照看年幼的外孙，有时候累了脾气上来了，说话很不好听。黄胜年这个女婿从来只是听着，也不顶嘴，有时候还要做爱人和丈母娘之间的"调和剂"。

20世纪80年代，国内家庭兴起玩插卡带的游戏机，黄胜年也为儿子买了一款回来。里面的游戏有坦克大战、火凤凰等。其中坦克大战可以两个人玩。为了不被母亲批评，黄海峰就求着父亲跟他一起玩。后来，在周日的下午，黄胜年在不做工作的时候，时常会主动邀请儿子一起打坦克。每次为了让儿子玩得尽兴，黄胜年只是负责防守，消灭那些儿子没有注意到的坦克。由于父子二人配合默契，三十关的坦克大战他们几乎每次都能一战到底。黄海峰回忆起当年与父亲相处的情景，趣味无穷。

殷殷爱子心

黄海峰毕业后到深圳大学工作。启程那天，黄海峰与家人告别，父亲该嘱托的话都已说完，他准备动身了。可是黄胜年考虑到儿子是头一次出远门，心里还是有些不放心，就决定送他到阎村，那里有长途汽车站。

那个时候出门还没有拉杆箱，有的只是短把手、不带轮子的大箱子。在去阎村的路上，黄胜年怕儿子累着，坚持让他把箱子放在后车架上，自己一手握车把，一手扶着箱子，慢慢地在去公交站的路上走着。

上车前，黄海峰看见父亲使劲向他挥了挥右手。当时没觉得什么，只是一次简单的挥手告别，但没想到过了几个月再见面，父亲的右手再也不能动了。

最后一次备课

脑溢血后，黄胜年在研究生部最后一次给学生们授课的内容是关于 C60。

当时国际上刚兴起了研究 C60，俗称布基球，这一新兴事物一出现，黄胜年就积极搜集相关信息。黄海峰记得当时他们家订有《科技日报》《光明日报》，还有《中国科学报》，这些报纸时不时地被开了"天窗"，那时有关布基球的信息都被父亲剪了下来，小心地放在一个专门的本子里。材料积累到一定程度，觉得可以讲了，黄胜年就开始准备课件，他用左手吃力地在幻灯胶片上做着记号，认认真真地完成了他人生最后一次备课。

黄胜年生怕因为中风造成的口吃影响听讲人的思路，讲课头一天晚上，他反复地在家练习，直到满意为止。黄海峰还记得父亲去上课时坐着轮椅，左手抱着准备好的材料，由他母亲推着慢慢去研究生部的背影。

　　脑溢血之后，黄胜年忍着不便和疼痛又坚持了十几年。2009 年 1 月 8 日，77 岁的黄胜年身体器官全面衰竭，离开了这个人间。

（《中国核工业报》记者　申文聪)

张焕乔

现在这些芯片之类的，我相信

我们中国人能做出来

张焕乔

（1933 年 12 月—　）

　　为我国第一台中子晶体谱仪和第一台中子衍射仪的建立作出重要贡献。

　　男，四川巴县人，物理学家，1956 年毕业于北京大学，1997 年当选为中国科学院院士。历任中国原子能科学研究院研究员、北京串列加速器国家核物理实验室主任、中国核工业集团公司科技委高级顾问、国防科工委专家咨询委员会委员等职。1982 年、1999 年各获国家自然科学奖三等奖一项。

　　他先后从事中子物理、裂变物理和重离子反应的实验研究。为我国第一台中子晶体谱仪和第一台中子衍射仪的建立作出重要贡献。参与压电石英单晶中子衍射增强现象的发现，并提出合理解释。为国防需要测量部分重要核数据，提供若干测试手段和方法。首次研究了张量力对原子核激发态的影响，预言了一些新效应，为国外实验证实。

"上中学时我喜欢看课外书，特别是一些科普小说。那时候，美国往日本扔了两颗原子弹，社会上到处流传着原子弹多么厉害。当时还公演了美国拍的科幻电影系列片叫《原子飞金刚》，我看得非常着迷，就觉得原子真的了不起。这些就是我的核物理启蒙了。"中国核工业功勋奖章获得者、中国科学院院士张焕乔回忆说。

朴素的稚想

"读高中时我在《科学画报》上看到了一篇介绍原子核嬗变的文章，里面的专业知识当时我也不完全懂，就记得说用这种办法可以把一种原子核转变成另一种原子核。我想那太好了，我们可以利用这个方法把普通金属转变成黄金，那老百姓有钱了，国家也富裕了。"

就是年少时这个天真朴素的稚想，使张焕乔开始对核领域"一往情深"。在武大物理系三年级时，他自学了弗拉索夫著的俄文版《中子》。让他失望的是大三结束要分专业时，学校只有金属物理和电离层两个专业，没有核物理。他只好选了金属物理。

运气似乎眷顾了有心人。刚上大四，学校就通知他和另外 14 名同学马上到北大报到，去干啥也没说。

大学时期的张焕乔

到了北大才说是让他们去学核物理，国家要发展原子能事业。"我很高兴，那正是我梦寐以求的。"说到这儿，张焕乔呵呵笑起来。

"那时候国家也集中各方力量支援核物理学科发展，从全国高校选调高水平专业老师来教我们，我们也真的是扎扎实实学了一年，很积极很努力地学。"

迎新晚会上敞开心扉，第二天发现对方是自己的导师

1956 年 9 月的一天晚上，中科院物理研究所中子物理研究室召开了一个迎新晚会，新老同志汇聚一堂。作为新人，张焕乔对那个晚会终生难忘。

"那天开场，钱三强作为室主任宣布了中子物理研究室成立，并说中子物理研究室担负了国家重任，希望新生力量和老同志们一起在国家原子能事业发展上多作贡献。然后大家就开始自由交谈，我就跟我旁边一位老同志谈起来了。我不认识他，也没有问他的名字，反正彼此谈得高兴。我很兴奋，就谈了很多我的想法，就是从工作以后对自己的设想、今后的打算，全跟他谈了。结果第二天干部处领我去组里报到，门一开发现昨天交谈的那位先生就是我的导师戴传曾先生。那时候他其实也才 30 多岁。"

小窍门赢来大收获

张焕乔跟随导师戴传曾先生为我国建造了两台珍贵的中子晶体谱仪，他在物理所与长春光机所合作建造我国第二台晶体谱仪中一显身手。他们负责谱仪的结构选型和精度分析，对方负责技术设计和精密加工，双方一起组装和进行精度测试。

　　"副室主任朱光亚先生找我谈话：'这次最后去组装验收谱仪，就派你去了。'我那时候大学毕业才两年，听说让我一个人去，心里有点着慌。"张焕乔说。

　　组装时遇到一个困难，探测器长臂与晶体台的转角要保持精确2：1的关系，就靠两个传动钢带轮的半径比成2：1来保证。但光机所车床返工了十来次也保证不了。这时的张焕乔展现了一个科研青年的勤奋与灵慧，用他的话叫"想窍门"——"当时在东北出差，我一个人也没有其他去处，就把我们测量的很多数据拿来反复分析。结果发现那个偏离2：1的角区是固定的，就想到一个窍门——不去返修转轮了，修钢带，采用金属箔局部补偿钢带的厚度"，终于使2：1联动精度达到当时国际最佳水平，与美国哥伦比亚大学在布鲁克海文国家实验室建造的中子晶体谱仪相当。

　　1960年秋，在何泽慧先生的领导下，张焕乔参与到配合重要任

张焕乔（右）看望何泽慧先生（左）

务所需核数据的测量工作。"当时有个困难，测量绝对裂变截面必须知道中子通量，可是中子物理实验室刚成立，通量没人做，我就想到一个窍门——利用铀-235热中子裂变的平均中子数来代替，最后得到了很好的结果。"张焕乔说。

20世纪70年代，张焕乔主持自发裂变和中子诱发裂变的瞬发中子平均数及其与碎片特性关联的研究，为核武器研制提供了所需要的精确数据，并提供了一项达到国际先进水平的基准数据。

正式实验没来得及做，遗憾！

1982年，张焕乔受邀前往意大利里亚洛国家实验室访问，该实验室有一台串列加速器XTU-15。"这台加速器刚建成，我有幸参加了落成典礼，当时实验厅里还是空的，我在那两年参加熔合反应实验的起步工作，建立设备和开展预实验。"

在那儿没多久，老板看这个中国人聪慧勤快，提出希望他再干一年，当时张焕乔正在老板家里做客，心直口快地回答说："如果我还能在国外待一年，就想到其他实验室。"

那年夏天，老板送张焕乔到国际费米暑期学校去学习时，又提出希望他续期，盛情难却，他同意了。续期的那一年，他参加了用于熔合反应研究的静电分离器的建立，在调试测量中实现了将熔合产物与类束粒子分开，正准备做正式实验时加速器输电梯断了，送美国修理，在修好后等待加速器开机做实验的时候，他却被召回国了。"我如果能多待两个礼拜就能参加这个正式实验了，后来到日本开会，听到他们去报告那项成果时，我非常遗憾。"87岁的张焕乔说起这件事，语气里仍然满是遗憾。

实验结果引起国际上很大兴趣

这次去意大利之前，领导对他说："你出去跟人家干活，做好工作以外，还要想想自己回来做什么题目。"身在意大利的张焕乔一边工作一边动脑筋想自己的研究题目。1983 年，他想出了一个后来成为他毕生重要成果之一的题目——熔合裂变角分布提取复合核自旋分布二次矩。

"我就计划等回国做这个实验。但当时我们的加速器老不出来，一直等到 1987 年秋加速器供速后才开始做实验，结果还是不错的。"

这次实验背后还有个插曲。

1984 年，张焕乔在日本筑波遇到美国华盛顿大学范登博施教授，他们有一个月在同一办公室里，张焕乔没告诉对方自己要做的那个题目。

1985 年，原子能科学研究院召开北京串列加速器国际核物理会，张焕乔请范登博施教授参会，没想到他在报告中宣讲他们刚在美国做了熔合裂变角分布的实验，张焕乔感到很诧异，自己早想出来的题目，竟然他们先做了。好在对方急于发表，只做了近垒的两个能量点。张焕乔他们做更深垒下能量的测量，结果发现角异性的异常峰。

"结果一出来，我很快就被邀请到国际会议上去作报告。当时我们实验数据刚出来，紧赶慢赶处理完数据就去讲了，引起了与会者很大的兴趣，特别是范登博施教授和兰道内教授。后来这项研究持续了八年时间，从现象的发现到物理原因的寻找再到理论的解释，我们做了一个完整的科学研究工作。"

实验室取经变成密切合作

1992年，张焕乔再次去意大利访问，但这次，他已经不再只去取经，而变成密切合作，受到了热情的接待。

"1989年我再次受邀访问里亚洛国家实验室一年半，因为我们的科研工作他们也感兴趣，邀请我过去一起做垒下熔合反应研究，那时候我身体不好，得了肺炎，就一直拖着没去，但对方一直保留邀请有效，催了我好几次。"

1991年，英国理论物理学家瑞勒发表了一篇文章，提出可以从实验上抽取熔合势垒分布，给出了一个解析公式。张焕乔针对熔合势垒分布实验立即提出自然科学基金申请，未能获得批准。1992年张焕乔去里亚洛国家实验室访问，建议他们开展熔合势垒分布测量，对方没有考虑。正好这时理论家瑞勒在那里访问，张焕乔将想法告诉瑞勒，他立即把全组人邀集起来讨论，最后确定开展熔合势垒分布的实验。该实验成果的文章发表在物理评论快报上，成为这方面的一个经典工作，有150次以上的他引。

张焕乔还开创了国内垒下和近垒重离子熔合反应研究，提出转移反应角分布作探针，发现稳定核激发态中子晕等。

张焕乔在北京串列裂变靶室上准备实验 R60

张焕乔在意大利 LNL 串列加速器上准备实验

热情促进勤奋、激发灵感。因为爱动脑筋、想窍门，张焕乔一路硕果攀上科研高峰。

1997 年，他当选为中国科学院院士，2019 年，获中国核工业功勋荣誉。

科研的快乐，是金钱买不来的

作为国内一些重要专业学术刊物的编委，张焕乔很关心专业领域的科研生态，并尽其所能地维护学术环境："科学的事不能马虎，不论国内国外的文章，我该改的要改，该提意见的要提，该退稿的退稿，就是希望把中国学术期刊的质量提高，这是关键。

年轻人做研究要看得见国际上的发展，同时要脚踏实地，不能有任何的虚头，某个地方学问做虚了，将来也做不远做不深；写论文要客观，否则就不是做科学工作了。"

213

被问及在北大等高校做兼职教学的初衷时，张焕乔说出了两个理由："一是我希望从这些高校培养博士研究生，到核科研领域来工作，我们自己培养，因为他们的生源质量较高。第二点是老年人有时候墨守成规的东西比较多，年轻人则思维活跃，在学校里能充分了解年轻人的想法。"

为此，那段时间每年北大技物系的一些博士生硕士生答辩都请张焕乔当组长，他都积极去。"通过答辩这个交流环节，可以了解学生们的学术深度和独立工作能力的程度，也能够知道国内培养的年轻人到底是什么样一个水平。"

"现在这些芯片之类的，我相信我们中国人能做出来，中国人的智力是跟外国人一样的。我们的老师何泽慧先生'总是鼓励年轻人，要相信自己，多动脑筋，不要迷信外国人，走自己的路，要在条件不足的现实情况下想办法做出高水平的工作'。外国人卡我们脖子，我们更应该自己努力突破，改变这个状态。那时候搞'两弹'，不就是自己搞起来了嘛。过去是这样，现在还是这样……充分利用你的智力去接收知识，放开你的眼界，看向自然，看向世界，掌握材料，发现问题，解决问题，你会成功，从而得到最大的快乐，那个快乐是别人给不了你、金钱也买不来的。"张焕乔如此寄语青年科研人。

他最关心的，还是核物理基础研究："赶超核物理的世界前沿，需要重视支持基础研究，基础研究做不好，甭说到国际上竞争，在国内竞争都有问题。要问某项研究有什么用，短时间谁也说不好，但是不去做它，它的作用就永远看不见；只有做了，它将来才有推动整个核工业创新发展的可能。"

（《中国核工业报》记者 余诗君）

叶奇蓁

八十岁许愿"再干十年"

叶奇蓁

（1934 年 9 月—　　）

以我为主，中外合作，自主设计建造成功我国首座大型商用核电站。

男，浙江海宁人，核反应堆工程专家，1960 年毕业于苏联莫斯科动力学院，2003 年当选为中国工程院院士。历任核工业第二研究设计院室主任、院副总工程师，核工业计算机应用研究所所长，中国核工业集团公司科技委副主任等职。2004 年获国家科技进步奖一等奖。

作为秦山核电站二期工程总设计师，他全面负责工程建设的技术工作。参与技术路线、堆型选择、主要技术指标确定工作，主持可行性研究及总体设计，组织并实施自主设计及其重大技术方案的审定。实现由自主建设小型原型堆核电站到自主建设大型商用核电站的重大跨越，对促进我国核电国产化发展，进而拉动国民经济发展发挥了重要作用，走出了一条我国核电自主发展的路子。

已经八十多岁高龄的叶奇蓁，个子虽不是特别高大但身形永远挺拔，没有一丝一毫的佝偻，身上穿的西装永远熨烫平整没有一点褶皱，头上戴的深蓝色贝雷帽一直保持着最佳的角度，帽子下的头发也梳得一丝不苟……从头到脚，总是整齐、干练的模样，这样的严谨一如他的性格。

2014 年，叶奇蓁八十岁寿辰，与他共事多年的几位好友，特意在北京为他举办了一场小范围的生日宴。席间，切蛋糕时，叶奇蓁许下生日愿望是："再干十年！"

彼时，中国三代核电的发展正是崎岖坎坷之时，引进自美国的AP1000 机组建设陷入拖期"泥潭"，"首堆必拖"的魔咒让其焦头烂额；而自主技术"华龙一号"尚不知能否顺利落地，正在经历最困难的时刻……干了一辈子核反应堆的叶奇蓁，那时想着，再帮着托举十年，等自主三代核电走上正轨。

誓言掷地有声，落地无怨无悔。时至今日，与核能相关的各个评审会、研讨会、鉴定会等，依然经常看到叶奇蓁活跃其间的身影；牵头中核集团、工程院等与核能或能源相关的科研课题，亲力亲为做调研、写报告、指导后辈……

"我小时候经历过抗日战争、国共对抗等时期，我们从乱世走过来的人，都有一个朴素的信念，那就是这辈子一定要为祖国多出点力，多做点贡献。"大半个世纪呼啸而过，中国当年的屈辱、苦难早已化为历史云烟，但信念始终铭刻在一代人心间。

亲历"二·六"大轰炸，明白了电力 对于国家的重要性

虽然出生于湖北武汉，但叶奇蓁从小是在上海长大的。生于1934

年的他，在上海度过少年时期，亲眼见证了上海解放的景象，也因缘际会经历了国共对抗发生的历史大事件。

"1945年抗日战争取得胜利时，我正在同济大学附属初中上学。当时同济大学的学生运动搞得轰轰烈烈，我们附中跟着他们也参加了很多次反对国民党腐败政权的游行。1949年上海解放，5月27日，上海苏州河以南的市区先解放了，我家当时就在苏州河以南。早晨起来，看到解放军都睡在马路上，我们都很惊讶，他们非常守纪律，跟国民党完全不同。"

而在少年叶奇蓁心中，另一个留下深刻记忆的年份是1950年。

"当时，我正在读高二。一天，天上飞来了轰炸机，从上空投下好多炸弹，上海杨树浦发电厂在内的重要发电设施被炸坏了，后来才知道这些轰炸机是从台湾来的。"一时间，上海市区工厂停电停工停产，不少街区电力供应中断，许多商店关门停业，"十里洋场"陷入

叶奇蓁（左）在交大校园烈士纪念碑前

一片黑暗。这就是上海现代史上著名的"二·六"大轰炸。

　　亲身经历这一巨大灾难，并在老师组织下参观了遭轰炸的杨树浦发电厂，"那时候起，我明白了电力对于国家的重要性"。所以，1951年叶奇蓁高中毕业报考大学时，毫不犹豫地选择了上海交通大学的电机系。

在苏留学四年，唯一一次出去玩
还是为了练习俄语

　　1955年，大学毕业后，成绩优异的叶奇蓁和系里另外三位同学，公派苏联留学，到知名的莫斯科动力学院专攻远距离输电。

　　"在苏联，除了课堂上的学习之外，我们参观了电机厂、电缆厂等，看到他们的技术非常先进，还有幸参观了建在伏尔加河上的古比

叶奇蓁（右）等在古比雪夫水电站

雪夫水电站和建在第聂伯河上的水电站，这两个都是苏联当时很有规模的水电站，其中古比雪夫水电站就建有上千公里的输电线，将电力送到莫斯科，是远距离输电的样板。当时我们梦想建三峡水电站，把电输到上海。我还参观了苏联最早的也是世界上最早的一个核电站。"

平日马不停蹄地学习、参观，寒暑假叶奇蓁就去实验室做实验，三层楼的电力系统动态实验室，只有假期才有可能腾出空来给留学生做试验。异国四年求学生涯，叶奇蓁竟然只出去玩过一次。

"其实留学生有很多机会出去玩，但我也就是第一年实习完后出去玩了一两个星期，之所以去还是觉得这是一个锻炼俄文的好机会。因为我们在学校里接触的多是与电力技术相关的俄语，这次出去通过与当地人对话，掌握很多生活用语。"

每次看到新书都会买下来，
攒下了好几箱子书

深知祖国在经济困难的情况下派遣他们出国深造不易，在苏联，叶奇蓁生活非常简朴，他的钱除了用来满足基本的生活，给国内捐过几次款，剩下的最大花销就是买书。

"当时苏联比国内的条件要好，别的中国留学生流行买'三机'，就是照相机、收音机等，但是我一件都没买过。我们学校里有一个书店，只要与专业有关的书，都会摆来卖，每次有新书出版，也会第一时间摆上柜台，我看到了就赶紧掏钱买下来，生怕错过了就卖没了，只要跟我的专业领域有丁点关系，我都会买来看，电力杂志也买了不少。"

就这样4年断断续续买下来，等到回国的时候，叶奇蓁竟然攒下了几箱子书籍，并想办法把他们都运回了国。即便后来他已经转战核电反应堆领域，这些书对他依然很珍贵。

你到哪里去了，怎么人就莫名其妙的不见了？

叶奇蓁从苏联获得电力系统专业副博士学位归国时，中苏关系已经开始紧张。回国后，他并没有像自己预想的那样被分配到电力行业工作，而是在北京的俄语学院（现为北京外国语学院）等了好几个月后，忽然被通知说去二机部报到。

由于二机部在当时是一个相当保密的机构，叶奇蓁是被秘密分配的，别说以前的同学和老师不知道他去了哪里，就连他自己也是好久之后才知道二机部到底是做什么的。就这样，回国后的叶奇蓁在电力领域"神秘消失"了，老师和同学再没有他的音讯。

后来有一次学术交流会上，意外碰到曾经的大学老师。老师看到他，非常惊讶，连连问他："我们还一直等你回来呢，你到哪里去了，怎么人就莫名其妙的不见了？"

即便是后来，由于核工业的保密性，叶奇蓁对最亲的家人也一直三缄其口。谈恋爱时，在武汉读书的女朋友要找他，只能写信到某某信箱，具体他在哪个单位并不清楚。后来女朋友成了妻子，他每次到外地出差，联系也只能通过一个信箱号，妻子也默契地不问他去了哪里，去做什么。直到改革开放后，情况才有所转变。

三环边上的"水晶宫"

二机部把叶奇蓁分到位于礼士路的十三局（后来的二院）工作。报到第一天，当时仪控专业的技术负责人肖永定对他说："你在苏联学的是电力系统控制，控制很重要，我们需要这样的人，但是现在不能告诉你我们是干什么的。"

"那时候，苏联专家对我们有所保留，把反应堆的各个系统分到不同楼层的办公室，每一层都有警卫人员把守，大家只能拿着通行证进入自己的楼层，做自己的工作，其他楼层的人在做什么相互一概不知，也不能打听。我当时在四楼办公，只知道我们楼层是搞控制系统的，但是不知道我们是要搞反应堆的控制系统。上下层的工作沟通，都是苏联专家在做。"

苏联专家全部撤走后，逼得中国人只能自己搞研发。二院正好也搬到了三环边上的马神庙。那时候的三环可不像现在这么繁华，四周都是农田，放眼望去一片荒凉，二院那座八层高的楼是航天桥三环边上唯一一栋高楼。在楼里，大家埋头学习，补原子能基础知识，研究反应堆原理，一到夜晚大楼里的灯全都亮起来，久久不熄，外边的人远远望见这一场景，直赞叹看见了一座"水晶宫"。

重新学习，从头做起，叶奇蓁与反应堆、核电就这样神奇地结下了缘分，余生都与之相伴同行。

60 岁老将重新"披挂上阵"

接下来的几十年，从繁华都市到西北边陲，从戈壁荒滩到群山峻岭，在核工业生产、建设的第一线，都留下了叶奇蓁匆匆的足迹。参与我国第一座生产堆的设计、调试和启动，直到满功率才离开工地；担任过生产发电两用堆设计总工程师，主持过洞体的改进设计，汽轮发电机的选型和技术要求编制，以及原子弹的防护研究；任核工业计算机研究所所长；担任秦山核电站二期总设计师……

而他自己也没料到的是，人生真正的"高潮"却出现在 60 岁这

叶奇蓁在秦山核电站二期主控室

年。1986年，二机部两位副部长找叶奇蓁谈话，安排他主持秦山核电站二期的技术工作，第二天就去参加并主持对德谈判，叶奇蓁从核工业计算机研究所调到秦山核电站二期。工程启动后，他成为负责秦山核电站二期工程的总设计师。"承担这个项目时，我52岁，按计划到我60岁退休时，核电站应该建成了。没想到，工程起步异常艰难，从立项到开工就历经了8年，从中外合作到自主设计，正式开工时我已经到了60岁退休年龄了。"

叶奇蓁看到当时参与秦山核电站二期设计和建设的主要技术骨干都接近退休年龄，与新一代的技术人员相差有十岁乃至二十岁，如果都按时退休，工程就无法继续。于是他对秦山核电站二期的董事长说："秦山二期建在断层上，不是地质断层，而是年龄断层，我们一定要充分发挥老同志的作用，努力培养年轻人，才能顺利建成秦山二期。"于是叶奇蓁这一代人一干又是八年，直到我国自行设计建造、自主管理运营的第一座商用核电站建成。所以，秦山核电站二期也因这一特殊性培养了很多新一代核电设计建设的技术骨干，现在这些人都在核电关键岗位上。

学习上博闻强记，吃饭却"浅尝辄止"

叶奇蓁精通俄、英两国语言，并能阅读德、日文的文献资料。最近十几年一直做他助理的苏罡，非常了解他的外语水平为什么会这么好。

"我们一块儿去外地出差，通常早晨七点我会去找叶老一起吃早餐，每次这个点敲他的房门，他已经起床在听俄语或者英语广播了。

他的英语虽然是自学的，但水平特别高，能直接在国际论坛上用英文发言，做技术交流。也因为像他们这一辈的专家，很少有英语水平这么好的，所以国际性的论坛、大会等，都想邀请叶老参加。"

"叶老还有一点让我特别钦佩的，就是生活非常自律。他每次吃饭都是'浅尝辄止'，每一样都吃到，但是都只吃一点点，七八分饱就不再动筷子，即使碰到最爱吃的汤圆也不例外。有次我们出差去四川，在饭馆里吃饭时，点了当

叶奇蓁在国际会议上发言

地最有名的跳跳鱼，可是等到鱼端上来时，叶老已经放下筷子，说他吃饱了，然后就一直耐心坐着陪着我们，等我们吃完。我们劝他尝尝新上的鱼，他婉言谢绝了。叶老的自律，也是他直到现在都保持着良好身体状况的原因之一吧。"

大儿子6岁才回到身边，总喊着"找奶奶"

一生硕果累累的叶奇蓁，在工作上可以说是无愧祖国、无愧核工业。但对于家人，尤其是大儿子，他心中一直深藏着一份歉疚。

叶奇蓁记得大儿子出生时，他自己还在河南，只能写信给母亲，让她去北京照顾临产的妻子。等他回去时，儿子已经三个月大了。刚回到北京，他又被派到远在戈壁滩的四〇四出差，一干就是一年，妻子是医生也很忙碌。没办法，他们只能和母亲商量，让母亲把孩子带到上海抚养。

儿子这一走就是6年多，直到上小学时才回到他们身边。回来后，一开始不认他们，尤其是到了晚上，一直吵着找奶奶，不停喊着："打电报，让奶奶来。"磨合了好久，儿子才和他们慢慢有了点感情。童年的经历，使得大儿子有了自己的孩子后，再辛苦也要坚持把孩子带在身边。

命运交响曲的启示

一生大多数时间都在跟图纸、数据、文件打交道，在为数不多的闲暇时光里，叶奇蓁喜欢听古典音乐放松一下，贝多芬的命运交响曲听得多了，他感受到了乐曲里流淌的命运的悲怆感，还有作曲者对于命运的抗争与不屈。

他觉得，现在的年轻人也应该把握好自己的命运。"我们上学的时候，国家正在遭难，大家都穷得叮当响。那时我上大学每个月学校给困难同学发公费——相当于一个银元，有的同学就靠这一个银元过一个月。即便在这么苦的环境下，我们都想着要好好学习，把祖国建设好。现在的年轻人，物质条件比我们那时候好太多了，更应该要有理想，规划好自己的人生，好好做出一番事业。"

（《中国核工业报》记者　申文聪）

杜祥琬

一生做一件事，像挖井一样

杜祥琬

（1938 年 4 月—   ）

为氢弹研制和核武器的发展作出重要贡献。

男，河南南阳人，核物理学家，1964 年毕业于莫斯科工程物理学院，1997 年当选为中国工程院院士。历任二机部第九研究院室主任、副所长、科技委副主任、副院长，中国工程院副院长等职。2001 年获国家科技进步奖特等奖一项、一等奖一项。

他曾主持关于核试验诊断理论和核武器中子学的系统性、创新性研究；曾任"863"计划激光专家组首席科学家，带领专家组制定强激光发展战略和计划，并在有关物理规律和关键技术研究中获重要成果；提出并成功主持综合实验研究并解决多项工程技术问题，使我国新型强激光技术跨入世界先进行列。他还主持并参与了关于我国能源发展战略和应对气候变化的咨询研究工作。

有一次杜祥琬参加中央电视台的节目，里面的小朋友天真地问："杜爷爷，我们将来长大了是不是把氢弹做得威力更大？"

杜祥琬回答："现在的氢弹已经是几百万吨了，你们将来不需要把它做得更大，你们与你们同龄的全世界各国一起成长起来的这代人，如果有共同的目标，就一起努力禁止、销毁核武器，实现真正的世界和平。"

接受采访时，杜祥琬语重心长地说："现在的青年朋友要理解，当年的邓稼先们搞核弹是被迫的，是当时国际局势需要他们去做。他们都是很有理想的科学家，在他们的心目中，掌握核武器技术，不是为了打仗，而是为了和平。

中国第一颗原子弹爆炸成功发表国家公报时就明确说'中国主张全面禁止、彻底销毁核武器'，在那之前，国际上任何其他国家都没有说过。奥巴马因为提出'无核武世界'而获得诺贝尔和平奖，其实这个理念中国 1964 年就提出来了。"

六十岁的人是可以从头开始的

"我快六十岁的时候，九十岁的王淦昌告诉我：'六十岁的人是可以从头开始的！'当时我只当是他对我的一句平常的鼓励。后来我才意识到，王老本人从六十岁到九十岁，三十年里，他的确从头开始又干了六件大事，而且都是国家级的大事。1969 年负责我国第一次地下核试验的测试时，他 62 岁。"

二十多年来，在王淦昌老先生那句话的"点化"下，杜祥琬仿佛真的进入了第二个青壮之年。

1997 年，六十岁的他当选中国工程院能源与矿业工程学部院士。2001 年，任"863"计划先进防御技术领域专家委员会主任。2002 年，当选为中国工程院副院长，负责主持院士队伍建设、中国能源发展战略咨询研究等工作。2006 年当选俄联邦工程院外籍院士。晚年的杜祥琬继续为国家"核"与"光"贡献余热，承担了数个学术兼职，至今仍在做能源领域的战略研究。

大大的宇宙没学成，学了小小的原子核

杜祥琬高中时喜欢去阅览室看一本名为《知识就是力量》的杂志，里面有很多天体、天文学的故事，非常吸引人，他从中感受到宇宙的魅力无穷，立志要学天文学，高考填报的志愿也是南京大学的天文学系。结果却被国家选为留苏预备生，因为当中有两年暂时还不能去苏联，就让他们先选读国内的大学和专业，他选了北京大学的数学力学系。他解释说："我觉得那是离天文学最近的学科。"

国家选拔出来三十个年轻人去了莫斯科工程物理学院（为苏联搞核武器培养人才的地方），其中就有杜祥琬，他们的专业也是国家定好的——理论核物理。

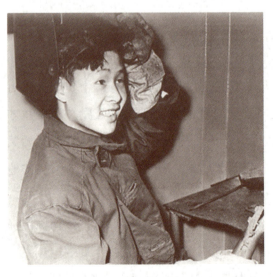

1959 年，杜祥琬在莫斯科留学时的动手训练课程：电焊

"后来小朋友们听我的故事时感叹说'大大的宇宙没学成，学了小小的原子核'。我说你们看看，原子的结构，是里面一个核、外面围绕着一些电子，是不是跟太阳系很像？原子核很小，太

阳系很大，但物理学很多地方都是相关联的，进入了原子核的领域后，我觉得也很有趣味，人呢，干事情一定要感兴趣才能做好！"

在苏联学习的时候，杜祥琬并不知道国家要他干什么。毕业前夕，他跟一个苏联同学在餐厅边吃边聊。

"杜，你在这儿学核物理，回去有啥事可干呢？"这位同学的口气里，透露出他心目中的中国还停留在男人留辫子女人裹小脚的没落清朝。

1960 年 2 月，杜祥琬在莫斯科郊外冬令营

刚好当天晚上，莫斯科广播电台播了一条一句话的消息："今天下午，中国成功爆炸了第一颗原子弹。"

第二天上午杜祥琬去答辩毕业论文，在走廊又碰到那位同学，他热情地跟杜祥琬打招呼："杜，祝贺你！"

回忆那一幕，杜祥琬仍激动不已，国家的强大带来个人的尊严。学成回国的杜祥琬，使命感油然而生。

"童顽" 邓稼先

谈到老领导邓稼先，杜祥琬提到了一句诗"有的人死了，可他还

231

活着"！

"酷爱生活似童顽，浩瀚胸怀比草原。"平常也爱写点小诗的杜祥琬在一首名为《悼老邓》的诗里写到。

"真正的核工业功勋人物，邓稼先是当之无愧的。"杜祥琬郑重地说。

当年，在位于梓潼县长卿山下的九院老院部（现在的两弹城），杜祥琬和邓稼先也算是北京老乡。只要礼拜天有点空，杜祥琬就会去看邓稼先，邓稼先总是边打开自己的柜门边问："巧克力？"

"有时，老邓会带我一块儿翻过长卿山去梓潼县城逛逛，路过潼江的漫水桥时，他总要拉我到桥附近的一家小饭馆说，'咱俩吃鱼'。在北京，我们经常晚上去国防科工委汇报工作，汇报完已经半夜了，大家肚子都饿了，就会说：'老邓请客'。"

杜祥琬又讲到了邓稼先的一件小事："有一次，我为了弄清楚带电粒子在介质里面传播的能量衰减的公式，去借阅了一本《物理评论》杂志，发现有人在相关内容旁边写了字，我一下就认出那是老邓的笔迹。那些论文往往说不难导出如下公式，但却不明确推导出。邓稼先在研究思考的时候忍不住把推导公式写在旁边。我能想象，他当时钻研问题时那种忘我投入的状态。"

老于给老邓打电话：我们抓到牛鼻子了！

从莫斯科毕业回国后，杜祥琬进了当时的核物理研究院理论部，部主任就是邓稼先。

"当时，理论部有一个很好的传统，相互之间不称头衔，只以老小相称。我觉得这不仅是个称呼上的问题，它是一种温度、一种氛围！显示了这个单位人和人之间和谐、平等的关系，是很有意义的一种团队建设形式。"杜祥琬说，"我第一次与邓稼先的近距离接触就是氢弹原理试验。"

氢弹的物理反应有几个阶段，比原子弹更复杂。我们小组的任务是核试验诊断理论计算，就是通过核试验的测量数据，判断里面发生的是不是氢弹爆炸。这就涉及一系列物理量的测试项目。

全当量氢弹爆炸威力大，需要高空爆炸，为了保险起见，理论部决定先做一次低当量的氢弹原理试验，为爆炸试验人员提供可参考的测量与判断依据——什么量程范围算成功。

突破氢弹原理时，整个理论部的人，没有谁具体知道氢弹的结构和原理，以邓稼先等为代表的当时的领导就采取学术民主的方式。年龄大的四五十岁，年轻的二十来岁，大家坐一屋子，不论年龄、职务、资历，谁有什么想法就直接上台说，因而当时叫"鸣放会"。这样一来，大家积极性都很高，你来我往，几十种想法就出来了。大家提出的想法经过分析，最后归纳了四个有可能成功的方案，由于敏带

杜祥琬（右）与于敏（左）

领一些人去计算。

"我们常看到于敏一副眉头紧锁的样子，是因为他一直在绞尽脑汁地思考问题，为此还睡不着觉，要靠吃安眠药，有时要吃两片。

老于和老邓一边研究思考，一边写成讲义给大家讲课。经过计算，最后判断其中一种可行，老于就给老邓打电话'我们抓到牛鼻子了！'当时大家的压力都很大，老邓一听就意会了、高兴了，氢弹的研究就是这么来的。"

当晚老邓开心地喝醉了酒，他长期承受着巨大压力

1966 年 12 月，杜祥琬等三人按照邓稼先的安排从上海去新疆交数据。当时，从上海到新疆没有客机可坐，需要坐绿皮火车。正值"文革"时期，火车走到宿迁时被强行停下来耽搁了两天，他们再坐火车去都来不及了。碰巧，当时的副院长朱光亚要坐专机到试验基地，就让他们搭乘自己的专机，他们才及时赶去了基地。

在基地，他们住和工作都在一个帐篷里，里面是铺着木板、上面放上帆布的大通铺，晚上他们在大通铺上睡觉，白天就在上面工作，利用实验前的时间再一次复算理论计算的结果。

没有计算机，他们只能用计算尺、手摇机，一秒钟大概算几次。

临近试验的最后几天，他们搬进试验场附近由解放军搭建的帐篷，一个帐篷三个上下铺，住六个人，夜里很冷，需要生起一个小煤炉子。

"在那里，不管是领导还是我们计算数据的，大家一心一意就是想让试验成功。"杜祥琬说。

氢弹爆炸仅凭外观无法判断是否成功。凭靠氢弹爆炸涉及的两个

速报项目的测量数据，试验一结束，他们就确切得出了成功的结论。氢弹原理试验成功，意味着半年后全当量的氢弹爆炸试验就很有把握了，于敏马上向上级做了汇报，说那就是氢弹爆炸。

"中国掌握氢弹技术的实际开端应该是 1966 年 12 月 28 日——氢弹原理试验成功的时间，但这又不能公开说，朱光亚琢磨了半天，在报告里写了一句话'中国进行了一次新的核试验'，周总理同意了。"杜祥琬说，"当晚老邓开心地喝醉了酒，他长期承受着巨大压力。"

第二天开了简单的庆功会之后，他们就在现场开始讨论下一步的全当量核试验应该怎么做。回到北京后，整个理论部的人都跑到食堂会议室去开会，大家都希望赶在法国人前面做成氢弹试验。

贴到院门口地上的号外

核武器的中国道路有两个特点：一个是用时最短，一个是花钱最少。但关于研制费用，许多老百姓也有误解。

"有一次，我去一个宾馆参加核数据大会，吃饭的时候，旁边一位参加其他会议的女士一听我们是跟核有关的，立即抱怨说'都是你们搞核试验，把国家的钱都花了'。得知对方是上海人之后，我告诉她：你知不知道宝钢花了多少钱？我们研制核武器花的钱还没有宝钢多，只用了美国 2% 的研制费用。"

"氢弹全当量试验我们没有在现场，有的老百姓不知道怎么私下得知了我们这个院子就是干这个工作的，氢弹爆炸当天，有人把《人民日报》套红的号外贴到我们院门口的地上。"谈起这个发生在几十年前的情景，杜祥琬依然兴奋地笑出了声。为了符合保密要求，"两弹"功臣们致力奉献，平常什么也不能说，但感受到老百姓的理解和支持，功臣们的内心也是欣慰的。

1993 年，杜祥琬在核试验场

一生做一件事，像挖井一样

杜祥琬一生的研究涉及天文、数学、核物理、激光、能源研究等多个领域。被问及感受时，他说："如果一个人的一生就做一件事，他就会像挖井一样，可以做得更深一点。我每次并不想转领域，但国家需要的事，我觉得有意义，就去做了。我所参与的'863'计划，看似离开了核去搞激光，实际上仍然没有离开核的背景，或者某种程度上还是为了核。"

"有很多的院士是在国外进修学习过的，国外给他们很好的工作条件，但他们坚持要回国。美国人曾开玩笑说我们都有一个'M'，他们爱的是 Money（钱），但我们爱的是 Mother（母亲）和 Motherland（祖国）。其实我们也不是不懂得钱的重要，我们的国家也要富裕起来，这正需要我们去为祖国而努力。"

作为一名科技领域的老前辈，杜祥琬院士在采访的最后寄语青年人：要树立崇高的理想来引导自己的一生，理想可以出动力、出精神、出素质，使胸怀宽阔，开创美好的未来。

（《中国核工业报》记者　余诗君

崔磊磊对本文亦有贡献）

李冠兴

在二〇二厂一待就是四十年

李冠兴

（1941 年 1 月—2020 年 12 月）

我国新型特种材料研发及应用的奠基人。

男，上海人，核材料专家，1966 年毕业于清华大学，1999 年当选为中国工程院院士。历任中国核工业集团公司二〇二厂总工程师、厂长，核工业特种材料研究与开发重点实验室学术委员会主任，反应堆材料和燃料重点实验室学术委员会主任，中国核工业集团公司科技委顾问等职。2009 年获国防科学技术奖一等奖。

他是我国新型特种材料研究开发及应用方面的奠基人，主持和具体组织了多种类型核燃料元件的研制工作。主持研究开发一系列的特种材料，并将其拓展应用到航天等多个行业领域；主持和组织多种类型核燃料元件的研制工作，成功研制出我国先进研究堆等两座新建研究堆板型燃料组件；主持国际上尚无先例、结构复杂、工艺难度大的燃料元件研制工作；主持建设我国第一条重水堆核电站用燃料棒束生产线。

他是一位谦和而执着的学者，也是一位德艺双馨的智者。在他身上，诠释了风度与才华的完美融合，也谱写了科学家与管理者的"双料"传奇。他就是我国著名核材料与核燃料科学家、工艺技术专家、新型特种材料研究及应用的奠基人、试验堆燃料元件研究制造的开拓者、中国工程院院士——李冠兴。

李院士五十多年如一日，勤恳耕耘在热爱的核事业领域，为我国核科学事业的发展，奉献了毕生精力，作出了巨大贡献。

少年时期的李冠兴

我国核工业创建 65 周年之际，他被评为"核工业功勋人物"。

16 岁上清华，他是全班最小的学生

李冠兴生前在接受记者采访谈到少年求学经历时说："当时报工程物理系实际也没什么道理，但我是要学工科的，第一志愿就报了清华。"

放弃优越生活环境的他，原来早已"心有所属"，并在 16 岁那年如愿考上清华大学。

在接到大学录取通知书后，李冠兴做的第一件事就是去买丁字

尺、圆规等文具用品。听说北京很冷，他还特意为自己准备了一床 6 斤重的厚被子。

自小就独立性比较强的他，第一次离开家乡上海，独自一人远赴 1200 多公里外的北京求学，并从此与"核"结下了不解之缘。

虽然带了 6 斤重的厚被子，但北京的冬天还是把他冻得够呛。班里的同学知道了，就让他去买棉花，然后大家共同给班里这个最小的弟弟加厚被褥。

李冠兴为人厚道，待人以诚，身上具有极强的亲和力，这可能与他求学时的经历有很大的关系。

"李院士为人非常谦和低调，每次到深圳来，都专门打电话叮嘱我们不要刻意派专人接机，让我们感到接待李院士是一件非常轻松的事儿，没有任何压力。"中广核研究院有限公司副总工周跃民回忆。

"无论是在机关部门还是在生产现场，每当遇到职工，李院士永远都是驻足与对方亲切交谈。"时至今日，二〇二厂（现中核北方核燃料元件有限公司）的许多人回忆起院士温和儒雅的音容笑貌仍历历在目。

"工作上勤学慎思、专业审慎，尽显业界大家风范；生活中温文尔雅、平易近人，令人如沐春风。"上海核工程研究设计院燃料材料研究所所长朱丽兵至今依然记得与院士初次相处时的感受。

选定硕士研究方向，做不出来就肄业！

李冠兴在清华大学师从中国工程院院士李恒德先生，学的专业是核材料。

20 世纪五六十年代，我国核工业处于起步阶段，对于核材料的

1957 年，李冠兴（后排右一）和高中同学在北京合影

研究方向和重点，大家都不是很清楚，都是摸索着前进。

在清华大学读完本科又攻读硕士学位的李冠兴，读研第二年找了几个选题，但都被导师李恒德先生否定。

他很着急地问导师："哪个也不行，到底要做什么才行呢？"

导师严厉地说："这我不知道，别说我不知道，全国也没有几个人知道！"后来李恒德先生告诉他，你的研究方向是什么，你要到图书馆去查，然后再定。

那时只有外文资料，中文资料是没有的。

李冠兴又经过两个月的反复调研，发现之前确定的研究方向确实存在很多问题。

很快，他又确定了自己的研究方向——铀的热循环。抱着做不出来就肄业的决心，李冠兴拿着方案虚心向教研组里的教师们一个个地请教，完善方案。

当时的教研组实验条件非常差，没有先进的仪器设备，李冠兴自己动手焊起实验架，用时钟做控制系统。

当时他还带了两个本科班，只能利用晚上翻阅大量文献。那段时间他每天只能睡五六个小时。睡眠不足，让他消瘦了不少。

回上海探亲时，母亲看到憔悴、消瘦的儿子，差点没认出来。

上海的朋友来包头看他，不少人都掉了眼泪

1967年，李冠兴毅然决然奔赴祖国北疆，投身到我国核事业的最前沿，希望实现"求真务实，创新图强，厚道为人，报效祖国"的人生信条。

"我学的就是核材料专业，所以到核材料厂是最对口的。因为当时没有人，国家需要到这儿来，大家要干一番事业。"面对国家的需要，27岁的李冠兴义不容辞也无所畏惧。

到包头二〇二厂，是李冠兴没毕业的时候就做的决定。当时有关系要好的人建议他留在清华大学，不要去核燃料厂，但并没有动摇他投身核事业一线的决心。

到厂里的第二年，李冠兴因为"文革"被下放进行劳动改造。那时他当过装卸工，做过瓦工，也开过搅拌机。但学养深厚、通达乐观的他，懂得怎样将磨难化为动力，不仅与很多工人成为朋友，还掌握了许多劳动技能。

那个时候，曾有上海的朋友到包头来看他的生活状况，不少人都掉了眼泪。后来的几年中，上海方面几次来"挖"李冠兴，让他回上海，并许诺解决户口、高薪、配备保姆等条件。但他为了核事业还是留在了二〇二厂。

"因为到了上海就等于脱离了专业。"当时李冠兴给出了他这一生中最执着的答案。

"先生的远见卓识和对事业的热爱,感动了我,彻底打消了我离开的念头。还有很多同志在先生的人格魅力感召下,以先生为表率留了下来,这批人为二〇二厂的生存、发展和二次创业做出了重要贡献。"中核北方原总工程师任永岗回忆说。

在二〇二厂一待就是四十年,是很多人心目中的英才

李冠兴在二〇二厂一待就是四十年。他在这里担任过组长、分室主任、副所长、厂副总工程师、总工程师、厂长等职务,并筹建了核工业唯一一个建在工厂里的重点实验室,建成了我国首条重水堆核燃料元件生产线,也在这里完成了多个项目,攻克了很多核材料元件生产中存在已久的技术难题。一些研究成果打破了国外垄断,填补了国

1977 年 1 月,李冠兴(后排右一)与冶金研究所金相组全体人员留影

内空白。

"先进的知识基本上没有，要到北京去查文献，但我们不怕困难，中央给我们的任务一定要完成，想尽办法去完成。"在一段采访视频中，李冠兴这样说。那个时候，他还经常从北京带很多带鱼回来给大家吃。

李冠兴在二〇二厂的第一项工作是从事某重要研究，所有的事情都要自己做，包括查资料、定方案、整治设备、选材料等。

第一次作项目报告时，李冠兴就遇到了中国科学院院士张沛霖。张院士听完他的项目报告后评价："很好，很科班"。

之后，张沛霖不断地把一些科研攻关课题交给李冠兴，每次他都能出色地完成。

曾有人询问张沛霖院士，谁够资格评选院士？

张院士毫不犹豫地说："我觉得李冠兴够格。"

在多年的科研生涯里，李冠兴结交了许多良师益友，熟悉的人都说他是大家心目中的英才。

"在中国，提起核燃料与核材料，大家第一个想到的一定是李冠兴院士。金丝边的眼镜，总是梳理得一丝不苟的头发，穿着整齐无痕的外套或衬衫。无论是艰难的技术决策，还是严格的专业评审，李院士用略带口音的普通话陈述的观点，总让听者如沐春风，又心悦诚服。"李冠兴给中广核研究院有限公司 ATF 项目部副总工程师刘彤留下了深刻印象。

"李冠兴院士在核燃料领域属泰斗级人物，大名如雷贯耳，令我等晚辈仰慕不已。"中国核动力研究设计院核燃料及材料重点实验室原主任王晓敏对李院士在核领域的成就与造诣十分敬佩。

公派美国访问，敢于质疑的作风反而获得导师赞赏

1976 年，李冠兴攻克了核材料元件生产中存在已久的技术难题，为当时大幅度提高元件包装成品率和降低反应堆内事故几率做出了重要贡献。这次任务的完成影响很大，得到了业内人士的高度赞誉。

1982 年，李冠兴被公派赴美国俄亥俄州立大学冶金系做访问学者。

求学期间，他经常与导师 Powell 教授进行学术探讨，还到图书馆找来许多材料，证明导师的某些观点是不对的。

这种敢于质疑的作风，反而获得了导师的认可和赞赏。回国前 Powell 教授在给张沛霖院士的信中对李冠兴倍加赞赏，认为"他是一位非常有才干和勤奋工作的年轻人。他向我显示了他具有分析处理范围广泛的各类不同问题的能力"。

"与李冠兴院士相识始于 2010 年。作为几家联合的特种金属提纯

1984 年，李冠兴在美国俄亥俄州立大学冶金工程系实验室

中华人民共和国 北京市
邮政信箱 2102－10分箱
核工业部总工程师
张沛霖博士

抄送：李冠兴先生

张博士阁下：

　我今奉告您关于李先生过去两年在冶金工程系的活动和成就。
　李先生和我已合写了一篇题目为《反应扩散理论》的文章，将在冶金杂志（Acta Metallurgia）上发表。现在我们正在对第二篇文章进行加工处理，该文章涉及混合的粉末冶金合金的均匀化。李先生已经成为一个内行的扫描电子显微镜工作者，他在计算机的使用和应用方面获得了相当多现的知识。此外，他听了一门我们研究生的课程。在最后的二个月内，李先生化带了相当多的时间致力于断裂力学和失效（故障）分析的研究。
　我非常尊重李先生，因为他是一位非常有才干和协备工作的年轻人。他向我显示了他具有分析处理范围广泛的各类不同问题的能力。我希望李先生回国后能获得一个向他挑战的职位，使他有机会研究一个更广领域里的各种不同的问题。

　　　此致敬礼！

谨启
Gordon W. Powell
教授

李冠兴回国前，导师Powell写给张沛霖的信（翻译后手写版）

重大基础研究项目的专家组组长，每个年度召开项目交流会，他都不辞辛苦，百忙之中抽出时间亲自到场主持会议，对项目的研究进展提出非常中肯的建设性意见。先生儒雅的学术风范，严谨的治学理念，一直珍藏在我的记忆中。"

中国科学院金属研究所研究员刘奎追忆起与李院士的相识，"给我印象最深的是2019年3月，金属所李依依院士率队来中核集团交流燃料和燃料包壳方面的工作，当时李冠兴先生身体就有些欠佳，但他坚持参加完一上午的汇报交流。会后我送他，他紧紧抓住我的手说，国家在核材料和核燃料研发方面会有长期投入，希望金属所与

1989 年，李冠兴（左）与张沛霖（右）在北戴河会议上合影

二〇二厂抓住机遇，开展深入的务实合作，不辱使命。先生的嘱托，至今言犹在耳。"

59 岁获评院士，临危受命当厂长

1999 年，李冠兴被评为中国工程院院士，那年他 59 岁。

大城市、大企业和国外的高薪聘请函也如雪片一样纷沓而至，但李冠兴丝毫不为其所动，依然胸怀家国，心有大爱，在阴山脚下的黄土地上勤奋耕耘。

2001 年，花甲之年的李冠兴临危受命，出任二〇二厂厂长。他带领二〇二厂职工，建成了我国首条也是目前唯一一条重水堆核电燃料元件生产线。

老骥伏枥，志在千里。提起当时项目申请和建线时的情景，二〇二厂人都会回忆起身为工程建设指挥部总指挥的李冠兴一再强调的几句话："同志们一定要珍惜这次机遇。如果搞不好这个项目，二○二厂将再次落入低谷，脱困将成为泡影，同时也将给我国核电燃料元件的国产化带来不好的影响。我们这些人将成为历史罪人。"

李冠兴的话铿锵有力、语重心长，其言其情，让当时的二○二厂职工深感肩上责任重大。

在李冠兴的带动下，大家都非常努力，在没有外国人监造的情况下，33 个月就建成了生产线，拿出了我国首套重水堆核燃料元件，不仅实现了二○二厂的扭亏脱困，也为秦山三期核电燃料元件国产化奠定了坚实基础。

如今，这条重水堆核燃料元件生产线已安全稳定运行 20 年，高质量完成了 194488 根棒束的生产任务，棒束质量达到国际先进水平。

"作为一位为核燃料与材料奉献一生的人，李院士最大的心愿就是造出中国人自己的核电燃料，立于世界先进行列。"刘彤说。

2013 年，国家能源局组织召开中国首届事故容错燃料（ATF）研讨会，李冠兴不辞辛劳，主持会议，推动组建中国 ATF 研发联盟。ATF 国家重大专项成功立项后，他不顾高龄，在 2015—2019 年间频频往返于包头、北京、深圳，主持学术年会、方案评审等会议，帮助 ATF 开好头、起好步。

李冠兴曾说，ATF 是中国核燃料赶超世界的一次重大机遇。

作为一名学者与管理者双重身份的厂长，李冠兴曾多次提及评判一个人的标准——"我就看这个人的活儿干了没有，干得好不好。"

耄耋之年，身有病痛仍奔走

随缘素位，是李冠兴给自己树立的人生目标。

随缘指要摆脱名利，顺应自然，以平常心办平常事，做一个平常的人；素位就是讲究安守本分，作为院士就是要保守学者的本分。

他自 16 岁求学清华，迈入核材料研究的大门，一生中，坚守初心、砥砺前行，长期从事核材料与工艺技术、粉末冶金、金属材料、高级陶瓷与金属基复合材料的研究，在生产堆、研究堆和核电站燃料元件与相关组件及铀材料等领域作出了重要贡献。他的许多学术思想，在核事业领域影响深远。

2004 年 10 月，李冠兴从厂长的岗位上退下来后，受中国核工业集团公司委托，参加第三代核电站的国际招标，任燃料组组长，前后历时三年，出色地完成了任务。

中国核动力研究设计院四所所长易伟还记得，在 2013 年 8 月，当 N36 锆合金特征化组件在秦山核电堆内考验第一次池边检查结果出来后，由于缺乏历史数据和经验认识的积累，针对后续考验可能出现的风险和应对策略，中核集团在北京组织了专题技术讨论。

会上，出现了各种困惑、疑虑、怀疑乃至动摇的观点。

幸运的是李冠兴院士肯定了一线技术人员开展的分析论证和主要应对措施，有力地推进了中国自主品牌 CF 系列燃料组件和 N36 锆合金的研发进程和成功应用。

作为业界的精英，李冠兴始终用自己的坚定、坚持、坚守，在困境中持续推动先进燃料研究。

"2011 年，日本福岛核事故发生，核电发展遇冷。当时上海核工院拟开展高热导芯块的预研工作，部分专家基于业界发展前景的悲观预期，对研究投入持保守审视态度。"朱丽兵回忆道，"李院士充分认识到这种先进材料在后续核电安全性、经济性提升中的重要意义，大力推动该研究内容在'CAP1400 关键设计技术研究'重大专项中的立项。"

后来抗事故 ATF 材料成为国际热点，高热导芯块成为各国重要的研究方向，李冠兴院士的真知远见为我国核燃料在该领域发展带来先机。

虽然已是耄耋之年，身体也有病痛，可在别人颐养天年之时，李冠兴院士还在不知疲倦地整日忙碌着。

他把工作重心从一线指挥逐渐转到未来发展战略研究上，多次叮嘱后辈不负重托。

2008 年至 2018 年，李冠兴院士连任中国核学会第七届、第八届理事会理事长，其间，在学术引领、产业发展、国际交流、科普宣传、人才成长等方面作出了突出贡献。

高瞻远瞩，鞠躬尽瘁。

虽然李冠兴院士已与世长辞，但他的功绩将永载史册。他的崇高品德和学术精神是留给我们的宝贵财富，值得我们永远学习。

(《中国核工业报》通讯员林丽圆　郭宇　侯丽楠)

后 记

2020年1月15日，纪念核工业创建65周年座谈会在京召开。会上，71名"核工业功勋榜"上榜人员及其家属代表被授予中国核工业功勋奖章。《中国核工业报》、《中国核工业》杂志以及"中国核工业"微信公众号于2020年5月起，开设"访核工业功勋人物"栏目，陆续刊登中核集团宣传文化中心记者采写的功勋人物的感人故事，致敬功勋，勉励新时代核工业人砥砺前行。

从2020年5月至今，该栏目已经刊登了33位"核工业功勋榜"上榜人物的文章，其中包括邓稼先、钱三强、于敏、刘杰、宋任穷、周秩、彭士禄等社会公众耳熟能详又居功至伟的核工业杰出贡献者。平均每篇文章的采访对象涉及8人以上，采访资料3万字以上，搜集整理老照片、拍摄采访视频等工作也是在困难中曲折推进。

这些文章，都是中核集团宣传文化中心的记者遍访上述功勋人物本人及其家人、朋友、同事、学生、邻居等，根据功勋人物成长经历、工作特点、生活小事等勾勒而成。由于文章本身聚焦核工业的著名人物，且报道事迹新鲜有趣、生动感人，多不同于先前各种外部媒体的报道，因而受到学习强国、澎湃等新媒体平台的赞赏和推荐。

如今，人民出版社将"访核工业功勋人物"栏目的文章集结成册，我们感到非常荣幸。另外，也在此声明：该书的文字全部为中核集团宣传文化中心记者采写，经过被采访人对文字进行认定，并经相关程序审核。该书所用图片也得到了受访者（功勋本人或其家属、亲友等）授权。感谢各位受访者的支持和帮助！

编写组

2022 年 7 月

责任编辑：忽晓萌

版式设计：汪　阳

图书在版编目（CIP）数据

青春无悔　生命无怨：中国核工业功勋人物的故事／中国核工业集团
有限公司 编 . —北京：人民出版社，2022.7（2023.2 重印）

ISBN 978 - 7 - 01 - 024533 - 1

I.①青…　II.①中…　III.①原子能工业 - 先进工作者 - 先进事迹 -
中国　IV.① K826.16

中国版本图书馆 CIP 数据核字（2022）第 022869 号

青春无悔　生命无怨

QINGCHUN WUHUI SHENGMING WUYUAN

——中国核工业功勋人物的故事

中国核工业集团有限公司　编

人民出版社 出版发行

（100706　北京市东城区隆福寺街 99 号）

中煤（北京）印务有限公司印刷　新华书店经销

2022 年 7 月第 1 版　2023 年 2 月北京第 2 次印刷

开本：710 毫米 ×1000 毫米 1/16　印张：16.25

字数：203 千字

ISBN 978 - 7 - 01 - 024533 - 1　定价：88.00 元

邮购地址 100706　北京市东城区隆福寺街 99 号

人民东方图书销售中心　电话（010）65250042　65289539

版权所有·侵权必究

凡购买本社图书，如有印制质量问题，我社负责调换。

服务电话：(010) 65250042